HIGH-END TRAVEL

グローバル
エリートが
目指す

ハイエンドトラベル

山田理絵

―〈 CONTENTS 〉

はじめに　なぜ今ハイエンドトラベルなのか？

HIGH-END TRAVEL

2022年までに1兆1540億ドル、日本円にしておよそ127兆円という、年平均6・4％もの成長が予測されているグローバル市場があります。これは、アメリカのアライドマーケットリサーチ（Allied Market Research）が2016年に発表したもので、その利益の66％をアメリカとヨーロッパの市場が占めています。日本の国家予算が101兆4564億円（2019年）。その約1・25倍に相当する規模です。いったい何の市場か、おわかりでしょうか？　それはこれからご紹介する「ハイエンドトラベル」なる富裕層旅行市場なのです。日本では富裕層旅行、世界的にはラグジュアリートラベルなどと呼ばれるこの市場ですが、本書ではラグジュアリートラベルの中でも特にトップエンドのマーケットを「ハイエンドトラベル」と位置付けています。

ハイエンドトラベルを好む趣味のよい、豊かな人生観を持った旅の上級者たちが求めるもの、そして彼らが自分を高めてくれると感じる体験提供の秘訣に本書では迫ります。それにより、旅行市場だけでなく、モノづくりなどのさまざまな産業がハイエンド市場に進出するためのヒントを提供できればと願っています。また、この本を通してさまざまなラグジュアリービジネスに携わっておられる方々と、高価値の創出法について意見を交換していきたいとも考えています。

＊参考文献："Luxury Travel Market to Reach $1,154 Billion, Globally, by 2022"（Allied Market Research, Sep 2016)

ここで、私の義理の祖父、寅次郎の話をしたいと思います。

今から130年近く前の1890年、明治天皇への使節団として来日したオスマン帝国（現トルコ共和国）の軍艦エルトゥールル号が、帰途台風に遭遇し、紀伊半島串本沖で遭難しました。この時、現場となった紀伊大島の村人が総出で懸命の救助活動を行ったことや、明治天皇をはじめ当時の日本が国を挙げて手厚い対応をしたことが、トルコでは今なお語り継がれているそうです。この話は、2015年に『海難1890』という映画にもなっています。1985年に勃発したイラン・イラク戦争時に、テヘラン空港に足止めされていた邦人をトルコ政府が救援機を飛ばして救出してくれたのは、このことへの恩返しのためだったと言われています。

さて、このエルトゥールル号遭難の報を知り、山田寅次郎という一人の青年が立ち上がりました。この青年こそが、私が嫁いだ山田家の8代目に当たる義理の祖父なのです。16歳で山田家の7代目山田宗寿の養子となった寅次郎は、フランス語と英語を身につけ、海外に出たいという青雲の志に溢れていました。

遭難事故に心を痛めた寅次郎は、全国を講演して回って義捐金を募り、大金を集めるこ

＊参考図書：『明治の男子は、星の数ほど夢を見た。オスマン帝国皇帝のアートディレクター　山田寅次郎』（和多利月子著　2017年　産学社）

とに成功しました。その義捐金を直接トルコに届けるべく、寅次郎は26歳で単身オスマン帝国に渡ります。彼の地での寅次郎は、時のオスマン帝国皇帝アブデュルハミト2世や貴族から重用されます。将官に日本語を教えたり、アール・ヌーボーを愛した皇帝に求められて、日本の文物や美術品の取り寄せをコーディネートしたり、日本の対露情勢を伝えたりと、オスマン帝国と日本との国交に大きく寄与しました。寅次郎のことはトルコの教科書にも載っており、イスタンブールには「山田寅次郎広場」が作られているなど、トルコでは最も知られた日本人の一人となっています。

この祖父の功績のおかげで、トルコ大統領の来日時には夫婦でパーティーに招かれ、感謝状を夫が授かった時には恐縮するとともに、トルコの方々の長年にわたる情の厚さに感銘を受けました。

さらに遡って、山田家初代の山田宗徧は、高い美意識とこだわりを持ち、都市の文化の最先端だった侘び茶を究めました。350年の時を経て、今では茶道という伝統文化になった侘び茶ですが、当時はエッジが利いた、美意識や洗練を競い合うライフスタイルの一つでした。また、木版本出版という当時最先端のメディアを用いて茶道のカリキュラムを革新したイノベーターでもあり、最新メディアを使いこなすという山田家の伝統は、ジャーナリストでもあった寅次郎、そして当代、次代へと受け継がれています。夫の山田長光も、学生時代には休みの度にアート、デザイン、ファッション、音楽、ホテル、カフェ、レストランの最新の動向を学びにヨーロッパ中を巡ったことで、魅力ある都市のあり方を考えるようになったと言います。

私も父親の仕事の都合で学生時代をベイルートやウィーンで過ごし、高校時にはヨーロッパ中を旅する機会に恵まれました。その後、海外特派員を目指して放送局の報道記者になってからも、時間を作っては国内外を旅し、まだ見ぬ世界を発見することに夢中になっていました。時代は下り、私が住んでいた70年代のベイルートも、政治的対話と知的活動の中心地で、当時「中東のパリ」と呼ばれるほどの繁栄を極めていました。毎晩のようにタキシードやロングドレスに身を包んだ紳士淑女が街に繰り出す情景が子どもながらに目に焼き付いていて、自分も大人になったらあのようにオシャレをして社交するんだ、と自然と思い込んでいたほどです。時代は違えど、寅次郎が見ていたハイエンドな世界と自分の軌跡が繋がったことも、今回ハイエンドトラベルについて考察するきっかけになったとも言えましょう。

こうした山田家の「旅を通して世界を理解する」という家風と、都市の洗練を追求するという伝統から立ち上げたのが、都市の磁力を高める人材を育成するアーバン・キャビン・インスティテュート（Urban Cabin Institute）です。詳しくは第7章で紹介します。

日本政府は、2020年までに海外からの観光客によって8兆円の売り上げを目指すというインバウンド政策を掲げています。観光庁は、訪日外国人の旅行需要が、『モノ』消費から『コト』消費に移行している状況を踏まえて、体験型観光による消費を促していくことが必要」との課題を掲げ、「『楽しい国　日本』の実現に向けた観光資源活性化に関する検討会議」で議論を重ねています。この検討会議でも、高い売り上げ目標を達成するために、富裕層をターゲットに置くことが強化策として挙げられています。グローバルリーダーとして活躍している人の多くが富裕層ですが、彼らのニーズを満たす質と単価の高い観光商品を作り、日本のブランドを確立していくことが求められているのです。

しかし残念ながら、グローバルリーダーが求める旅のニーズを感覚的に把握し、プロモーション政策やコミュニケーションの設計をし、訪れてもらう都市の魅力を高めることができる専門家がほとんどいません。なぜなら「人生を楽しむ」という意味で、世界のグローバルリーダーのライフスタイルに日本が大きく後れを取っており、彼らが行っているハイエンドトラベルを身を以て経験している人が未だ少ないからです。「何人誘客などと数値だけが先走り、行政はラグジュアリートラベルの本質をわかっていない。官僚が遊んでいない、旅していない中で、『ラグジュアリーとは』などと机上の空論でやっている」と日本有数のラグジュアリートラベル・エージェントであるマゼランリゾーツ代表の朽木浩志社長は指摘します。

大前提にある「社交シーンに精通した」英語人材が大幅に不足していることも大きな懸念の一つです。そのため、アーバン・キャビン・インスティテュートではラグジュアリー・プロデューサーの養成も行っています。

また、ラグジュアリートラベル・フェアへの出展や、自治体や事業者との意見交換を重ねる中で感じたことは、国内では「富裕層」という言葉に惑わされ、彼らの実態がよくわからないまま、さまざまな富裕層向けインバウンドの企画検討が進んでいるということです。

世界で最も権威あるといわれるラグジュアリートラベル商談会「ＩＬＴＭ（International Luxury Travel Market）」の事務局によると、全世界の旅行者のたった３％に当たるハイエンドトラベラーが、全世界の旅行消費全体の４分の１を占めています。国内ではもっぱら富裕層＝爆買いの中国人という偏ったイメージが定着しているように感じられますが、冒頭に書いたように、世界のハイエンドトラベル市場の7割弱をアメリカやヨーロッパのマーケットが占めています。その背景には、アメリカは景気がよく、桁違いの富裕層が多いこと。そしてアメリカ人は、時間の使い方が上手だと言われていること。またヨーロッパ人は総じて知的レベルが高く、異文化に関心が高い人が多い。そして歴史があることから、ハイエンドトラベルの楽しみの上位に挙げられる「食」の本質もわかるのです。

このようなハイエンドトラベラーは、経済的余裕のある人たちには違いありませんが、ギラギラした富裕層とは違います。彼らの多くは、寛容で懐が深く、物知りで、意外とシンプルな生き方をしていて、人を資産や肩書などでは判断しないような人格者です。そして、どのような状況もポジティブに受け止め、トラブルも楽しみに変えられる、人生の楽しみ方を知っている人たち、それが真のハイエンドトラベラーの姿です。

さらに、彼らの旅の目的は「浪費」ではなく、「自分を高める特別体験」だとＩＬＴＭのレポートは伝えています。「自分を高める」ことを突き詰めるためには、高額な費用をも意に介さないのです。一方で、価格が安くても本物でストーリーがあり、自分を高められると感じるコンテンツや体験であれば、それもまたハイエンドトラベラーを魅了します。たとえば1杯700円のとてつもなく美味しいラーメンのように。

＊参考文献：「次世代の富裕層が求める旅とは？」（トラベルボイス、2017年10月）

また企業のご褒美旅行であるインセンティブ旅行でも、日本人はお金で買える最高級（The best what money can buy）を求めるのに対し、海外の人々はお金で買えない体験（What money can't buy）を求めるという意識の違いがあると、国際会議などＭＩＣＥ（Meeting, Incentive tour, Convention, Exhibition）を専門に扱う旅行会社、Ｊ-ＴＥＡＭのホルト社長は指摘します。このあたりのマインドを理解していないと、高付加価値の商品やサービスをつくることもできず、真のラグジュアリートラベラー、さらにはハイエンドトラベラーのハートを掴むことができません。

加えて、ハイエンドトラベラーのすべてが富裕層とは限りません。中には感度の高いトラベラーがコツコツ貯金をしてとびきり素敵な旅を愉しむ、あるいは飛行機や前泊などは極力リーズナブルに抑えて滞在を堪能するというトラベラーも少なくありません。ハイエンドトラベルの肝は、本物でセンスがよく、内面に刺激を与え、トラベラーを目覚めさせる要素がある、意味のある旅です。そこに魅了される真の意味で豊かな人々が世界中で増えていることが、この市場の成長に繋がっているのです。

富裕層という表面的な言葉や数値に惑わされることなく、このような豊かな人生観を持つ人たちが求めているものは何かという観点から、日本はマーケティングを考えていく必要があるのではないでしょうか。

本書は、グローバルリーダーを目指し、自分をもっと磨きたいと考える多くの人に向けて、旅を通して自分を高めるという価値観を共有したく書き始めました。なぜなら、何を見て経験し、感じてきたかこそが、その人の魅力を形成すると思うからです。旅は自分の内面に記憶として残り続け、その後の経験と掛け合わされて増幅します。その経験の量と質が豊かであればあるほど、その人の魅力が高まるのだと思います。

また本書は、都市の競争力を高め、インバウンド・ビジネスのチャンスを考える方々にとっても有益なヒントを提供できるものと思います。さらにダイナミックでエネルギッシュなリーダーたちへのインタビューの中には、夢の実現の仕方、コミュニケーションの取り方、人生の切り開き方、美意識の高め方など、生きるにあたってのさまざまなヒントがちりばめられていて、インタビュー後もしばらく興奮さめやらぬ余韻が続きました。私が感じたワクワク感をも、読者のみなさまに届けられることを願っています。

人生は旅。
特別体験の扉を開けて参ります。最後までお付き合いください。

第1章　旅は人生のスパイス

TRANS-
FORMATIVE
TRAVEL

人はなぜ旅をするのでしょう？

「世界は一冊の本だ。旅に出ない者は、その本を一頁しか読めないだろう。
（The world is a book, and those who do not travel, read only one page.）」

こう語ったのは、古代ローマ時代の神学者、アウグスティヌス。一ヵ所に留まって他の場所を知ろうとしない人と、積極的に旅をし、次々と「本のページをめくる」人とでは、得る知識や経験値に大きな差が出る、という名言です。

また、本を読み進める中で、以前の章で読んだことの意味が初めて理解できることもあるように、他の地での経験を通じ、翻って自分の国や自身の生活への気づきを得ることもあります。遠出せずに近場をウロウロしているだけでは、同じページを繰り返し読んでいるのと同じで視野が広がりません。旅をするのとしないのとでは、それだけ見える世界や人生の厚みに違いが出るのだと、旅がいかに人生を豊かにするのかを言い当てています。

見知らぬ文化、文明を五感で感じることで、好奇心をそそられ、インスピレーションを得る。

日々の閉塞感から脱却し、自分を相対化させ、解放する。

自身の既成概念を疑い、新たな思考に至る。

旅には、そんな魔力があります。

グランドツアーという教育の旅

旅という言葉からは楽しいイメージが連想されますが、英語の「travel」という言葉は、もともと「仕事、労苦（古語の場合）」を意味するフランス語の「travail」から来ています。さらに語源を遡れば、「trepalium」という、なんと「三つの鉾を持った拷問具」を意味するラテン語なのだそうです。

このように、旅はもともと「行かなければならないもの、嫌々行くもの」でした。世界のどこであっても旅の始まりは、私たちヒトが水や食べ物を調達するための、そして定住することのできる安全な土地を求めての、生きるための手段だったのです。

楽しみとしての旅は、ヨーロッパにおいて王室や貴族などの特権階級から始まりました。旅の変遷の中でもエポックメーキングだったのが、15世紀末から18世紀にかけてイギリスで誕生した教育の旅、そして保養という二つの旅のスタイルです。

16世紀のイギリスの裕福な貴族や上流家庭では、教育の仕上げとしてパブリックスクールや大学卒業後の子弟に家庭教師をつけ、大規模なヨーロッパ大陸旅行をさせる動きが始まっていました。これが「グランドツアー（Grand Tour）」と呼ばれる教育の旅です。旅行業界では、現在のハイエンドトラベルの原型がこのグランドツアーだとされています。

当時、島国に閉じ込められていたイギリスのエリート層は、自分たちが世界の動きから取り残されることを最も恐れていました。それを避け、コスモポリタンであろうと、パリ、ローマ、ヴェネツィア、フィレンツェ、ナポリなどの主要都市に数ヵ月から2～3年、長くは5年ほど滞在しました。フランスではフランス語の習得、イタリアでは芸術やオペラを鑑賞し、ルネッサンスの建築遺産に触れるなど、旅を通して貴族にふさわしい教養を身につけました。さらにこの教育の旅は、現地の著名人との交流を通じて社交術を習得するという、上流社会の一員になるための通過儀礼の意味合いも持っていました。

グランドツアーを率いたチューター（家庭教師）の中には、トマス・ホッブズ、ジョン・ロック、アダム・スミス等の超一流の学者を始め、劇作家のベン・ジョンソン、詩人のウィリアム・ホワイトなど、そうそうたる面々がいました。彼らは旅行中に青年たちに講義をつけ、監督に当たりました。イギリスの教育史家であるジュエルは、このグランドツアーを「一流の教育と文化が調和したものであった」と表現しています。

また、フランシス・ベーコンの著作『随筆集』（1597年）の「旅行に関して」の章

＊1　参考文献：『英国人のグランドツアー――その起源と歴史的発展』（小林麻衣子著）

では、旅先で観察したものとして君主の宮廷、法廷、教会や修道院、討論会や講義、邸宅と庭園、近郊諸都市、武器庫、両替所、馬術の練習、フェンシングや兵士の訓練、喜劇、宝石や衣装の宝庫等が挙げられています。［＊1］

ツアーを終えた若者たちは、やがて各国の大使や政府役人等に抜擢されるなど、グランドツアーはその後の彼らのキャリアや躍進に大きく影響していきます。親が子の幸せを願い、生き抜く力と教養を磨かせるための、究極の帝王学の一環といえる旅です。

18世紀になると、イギリスではヨーロッパ大陸旅行がジェントリ（下級地主層）や文筆家、芸術家、建築家、古物収集家等にも広がります。また、ロシアでも同じ頃、多くの貴族の若者が「ヨーロッパ修学旅行」に派遣されました。彼らは軍事、行政機構を西欧化するために必要な専門知識を学び、また名士、教授に面会し、教養も深めました。［＊2］

滞在型リゾートライフの誕生

もう一つ、現在のハイエンドトラベルの原型となっている旅のスタイルが、この頃にイギリスの上流階級が始めた夏の「滞在型観光」、今でいうリゾートライフです。こちらはグランドツアーのように数ヵ所を周遊するのではなく、一ヵ所に長期滞在するというバカ

＊2　参考文献：『18世紀後半におけるロシア貴族のヨーロッパ修学旅行——国家勤務者・愛国者養成のためのヨーロッパ体験とその成果 —』（小野寺歌子著）

ンス的な旅のスタイルです。イギリス南部のバースの温泉地やブライトンの海岸などは、上流社会の夏の社交場として賑わい、滞在中の楽しみも次々に開発されていきます。バースでは、温泉での療養だけでなく、音楽会、観劇、舞踏会など、正装して出席する行事が毎週のように開かれました。また、テニスやゴルフなど、ルールを決めて楽しむスポーツもここから始まりました。成り上がりやニューリッチたちが一夏をここで過ごすことで伝統的な貴族と接するという、それまでのロンドンの社交界ではあり得なかった機会を得て、社交と洗練を学ぶことができたのも画期的なことでした。それは階級を超えた結婚や、フォーマルとカジュアルな文化の融合など、新たな社会構造や文化のイノベーションを起こしました。バースという街は、こうした新しい旅と社交スタイルを作り上げただけでなく、これ以降の温泉町のロールモデルともなりました。

バースの海浜版として発展したのがブライトンです。海洋療法という健康法に加え、散策、観劇、社交を織り交ぜた保養地で、現在のビーチ・リゾートや保養の旅のパイオニアとなりました。

このように、現在の旅のルーツと言えるものは、自国では習得できない教養や技術、他の国の政治や文化、豊かなライフスタイルについて学び、社交の経験を積むことにありました。旅は自分を高める格好の機会だったのです。

イノベーションを起こす「考える週」

同じ滞在型でもバカンスとは対照的に、世界のグローバルリーダーが敢えて自分を世間から切り離し、思考を整理する内省の旅の代表格が、マイクロソフト創業者のビル・ゲイツ氏が実践していた「シンク・ウィーク（Think Week）」です。ゲイツは年に2度ほど、休暇とは別に1週間ほどオフィスを離れ、日々のルーティーンから解放されました。それは、タスク過多で生産性が低下している脳をリセットし、クリエイティブなエネルギーを取り戻すための文字通り「考える週」でした。

シンク・ウィークの間、友人や社員はもとより家族でさえ彼と連絡を取ることは禁止されていました。自分を取り巻くすべてから遮断された静かな状態に身を置き、高いところから自分を俯瞰する。それによって心身が休まり、気持ちがリセットされ、クリエイティブなエネルギーが取り戻せたのだそうです。そして、ともすれば見失いつつあった自分の目標や夢について、効果的に考え直すことができたと言います。

マイクロソフト社で生まれた多くの重要なイノベーションは、このシンク・ウィークの間にビル・ゲイツが浮かべたアイディアがベースになったと言われています。特に、シンク・ウィークから戻ったゲイツが役員に発信した「インターネットの高波」という社内メモは、同社のインターネット事業の成功のきっかけになりました。

忙しいビジネスリーダーにとって、家族旅行以外に1週間の休みを取って一人エスケープすることは、非現実的に映るかもしれません。しかし1、2泊、あるいは週末や連休を利用すれば、自分を外部から遮断し、どこかに籠って思考を整理することはできそうですし、特に人生の転換期にはそのような時間を持つことが必要ではないでしょうか。

内と外の宇宙への旅

今最もハイエンドで、ユニークな旅といえば、「宇宙への旅」でしょう。夢だと思っていた宇宙旅行も、リチャード・ブランソン率いるヴァージン・ギャラクティックの有人宇宙船「VSSユニティ」が2018年12月に試験飛行に成功したことで、いよいよ現実味を帯びてきました。高度100キロの宇宙空間まで一気に上昇し、無重力空間を数分間体験するという、一人当たりおよそ25万ドル（3千万円弱）のとても短いツアーに、日本人を含む700人がすでに応募しているそうです。

アマゾン創業者のジェフ・ベゾスが率いるブルーオリジンも、２０１９年には宇宙旅行を販売すると発表し、また、イーロン・マスクのスペースXが、およそ6日間かけて38万キロ離れた月と地球を往復予定の本格的な月周回旅行は、参加費が一人１００億円とも言われています。ロシアや中国も宇宙ツアーの実施を発表しています。

このような宇宙への旅が盛んになる一方で、アーバン・キャビンが提唱しているのが、自分自身の内面と向き合い、未知の自分に出会う「内なる宇宙への旅」です。それは、既成概念から自分を解放し、眠っていた感覚、考え方、本当に求めているのは何かなどを発見することで、第5章のＡＬＩやアーバン・キャビンが目指している精神世界への旅です。

宇宙から輝く地球を眺め、重力から解放された世界に身を置くという神秘体験も、行き着くところは精神世界への旅です。マイクロソフトの共同創業者であるポール・アレンが、30年前にパーソナルコンピューター革命によって無限に引き出され始めた人類の潜在的能力が、続くインターネット革命でさらに解放され、地球低軌道へのアクセス拡大により、次の革命的な変化が生まれようとしていると言っているように［*］、宇宙への旅も行き着くところは人類の意識を拡張し、新たな精神性を呼び起こすことなのです。

自分自身の思考をリフレッシュし、デジタル時代を生き抜く新たな示唆を得るために、

＊参考文献：『宇宙の覇者　ベゾスvsマスク』クリスチャン・ダベンポート著（2018年新潮社）

私自身、年に数回は国外に出て、世界の旅のスタイルを研究するようにしています。たとえばスカンジナビアにエストニアを加えた北欧デザインを学ぶ旅、モン族という少数民族の生活を学ぶベトナムと北タイの旅、スイス・ブランドを研究する企業訪問の旅、カンガルーキャンプでグランピングを体験するオーストラリアの旅、明朝の家具を求めての上海と寧波の旅などなど。子どもたちと共に異なる文化や生活を肌で感じ、視野を広げ、世界で生き抜くためのヒントを得ています。中でも自らの内面に大いに語りかけ、感覚を研ぎ澄ませ、新たな思考へと導かれたと感じた旅が、2017年の夏に訪れたバリ島とスンバ島への旅、そしてタイ・チェンマイでのリーダーシップ研修旅行でした。詳細は第2章と第5章でご紹介しますが、まさにアーバン・キャビンと同じ問題意識やニーズを考えている仲間に出会うことができました。これらの旅を通し、自らの内面と向き合い、健康を身体だけでなく精神や気などを含めた全体で捉えるという意味を持つホリスティックな取り組みがより求められる時代を迎えていることを、さまざまな方向から実感しています。

旅はカクテルパーティーにおけるジュエリー

アーバン・キャビンでは、特別体験の創造の方法論についてハイエンドトラベル業界の専門家と意見交換をしたり、国内の旅館やホテルなどの事業者からご相談を受けることもあります。旅行会社の中には、世界中から最先端の旅先の情報を集め、観光事業者との関係を構築し、1～2週間、あるいは月単位の特別な旅をデザインするプライベート・トラベルデザイナーと呼ばれる会社があります。このようなハイエンドトラベル会社は、パーソナライズされた、付加価値の高い旅行サービスを提供しています。

２０１７年の2月、私は都内で開催された「ＩＬＴＭ（International Luxury Travel Market）Ｊａｐａｎ」という、ラグジュアリートラベル業界を代表する商談会に参加しました。世界のラグジュアリートラベラー向けに、日本での旅を取り扱う40社を超える海外のエージェントと2日間かけて個別に面談し、アーバン・キャビンの本拠である鎌倉という街、そしてアーバン・キャビンの特別体験を紹介しました。

商談の冒頭に「クライアントのご要望は？」と切り出したところ、ほとんどの旅行会社が口を揃えて「本物でユニークで、まだ誰も見たことのないもの（Something authentic, unique, and nobody has ever seen!）」と答えました。中でも象徴的だったのが、「カクテルパーティーやディナーの席で皆を惹きつけるネタになる特別な体験を顧客が求めている」というもの。元来社交的な欧米人はこぞって自分の話をしたがり、コミュニケーション能力の高さが個人の印象や評価にも大きく影響します。よってパーティーで自分が魅力的な人間だと他人に評価されることはとても重要。そのような自己アピール合戦の中で自分が話題の中心になり、「Ｗｏｗ！」と驚かすことのできる「ネタ」発掘の場として、旅はとっておきの宝庫なのだそうです。

旅の話題はビジネスの場でも効果的

「今度の休暇はどちらに？」という会話は、欧米社会では日常的にビジネスの場でも行き交います。「旅の話題は話すほうも聞くほうも旅している気分になれて、いい気分転換にもなる。どんな旅を選択し、創造するかはその人自身の嗜好や考え方を表すから、ビジネスの場で相手の人となりを知るためにも効果的だよ」とある経営者からうかがいました。

冒険心に溢れ、洗練され、トレンドコンシャスで本物で珍しく、人がなかなかしたことのない魅力的な旅を選択できることは、その人のセンスの証明になります。目が利き、エクスクルーシブな旅にアクセスする人脈も資金も時間もあり、生まれ変わるような経験をドラマチックに伝える話術を備えているということが、その人の評価に繋がるのです。

これまでの研究の過程で、世界のハイエンドトラベラーがどのように旅の情報を得ているのかを調べてきました。その中で圧倒的に多かった答えは「口コミ」でした。「類は友を呼ぶ」ように、ユニークで豊かな旅をしている人の周りには、似たような興味を持った友人がいて、自然と情報が入ってくるのだそうです。おすすめのホテルやレストラン情報を得たり、時には現地の友人を紹介してもらえてインサイダー情報も入る。こういった口コミのほうが情報の質に信頼性があり、失敗も少ないと言います。本書で取り上げているデスティネーションも、揃って口コミがマーケティングの源泉だと言っています。特にハイエンドビジネスでは口コミの力が絶大です。

ラグジュアリートラベラーが求めるのは「自分を変容する旅」

世界のラグジュアリートラベル市場で、アメリカ人旅行者は最も経済効果があると言われています。カナダに拠点を置くラグジュアリートラベル・アドバイザーのレゾナンス（ＲＥＳＯＮＡＮＣＥ）が、２０１６年にアメリカ人旅行者の世帯収入上位５％に当たる１６６７人を対象に調査を行いました。それによると、世帯収入は２千万円以上、または純資産が2億2千万円以上で、さらにトップ１％に当たる７２４人は、世帯収入がその倍以上、または純資産が8億8千万円以上にのぼることがわかりました。

また回数で見ると、一般的なトラベラー世帯が年に平均4・8回旅をするのに対し、上位5％は14・3回でビジネスとレジャーの比率は半々。つまりラグジュアリートラベラー1世帯が、一般トラベラー3世帯分の旅をしていることになります。

レジャー旅行への支出額では、平均2・9人の一世帯一人当たりの1回の支出額は、約35万円で、総額で約432億円にのぼることがわかっています。そしてこれらの富裕層を呼び込むためのハイエンドトラベルの未来を構成するトレンドには、以下の10の要素が挙げられています。

1　変容としての旅とは何か？（Travel as Transformation）

さまざまなものを見、経験をしてきたハイエンドトラベラーにとって、変容は外的な世界の経験からのみでなく、内的な世界からもやってくるのです。

2　食のアート性（Art as the New Food）

「食」はかつてはローカル色や旅情を感じるもの、愛好家や好奇心の強い人々のための〝安息の地〟でしたが、今や食材の選び方、味付け、盛り付け、器との取り合わせなどにアートとしての表現の要素が求められています。

＊参考文献："2016 Future of Luxury Travel "(Resonance 2016)

3　健康で快適で幸せ（Well, Well, Well）

健康、快適さ、幸せを含む「Well-being（幸福な状態）」は、ハイエンドトラベラーが求める新たなキーワードです。

4　ホスピタリティのアジア回帰（Hospitality's Asian Turn）

アジアのホスピタリティ事業体が海外進出を図り、西洋のブランドを積極的に買い上げる中、彼らはターゲットを世界中からのラグジュアリートラベラーに据えています。

5　みんな一緒がすべて（Togethering is Everything）

多世代旅行は、５年以上にわたり観光業界の最大のトレンドとなっています。ファミリー・ルームやコネクティング・ルームを増やすなど、大人数に対応できるこれまで以上に大きなラグジュアリー宿泊施設が必要となります。

6　所有しているかのように使える不動産（Unreal Real Estate）

Airbnbの台頭など、テクノロジーの進展が、世界中の富裕層の別荘や使用しない自宅などの物件へのアクセスを可能にしています。

7　温かみは新たなクールさ（Warm is the New Cool）

ホスピタリティ・デザインはかつての贅沢なデコレーションから現代的なインテリアへ

と移り、今は戸外へと開かれています。

8　スポーツへの探求（Athletic Pursuits）

次世代エグゼクティブの関心は、かつてのゴルフから究極のスポーツにシフトしていて、そのためには出費を惜しみません。そこには大きなビジネスチャンスがあります。

9　旅のアドバイザー（Trip Advisers）

ハイエンドトラベラーは代理店でなく、ユニークな体験を得るために、コミュニケーション能力が高く、個々のニーズに応えられる深い専門知識を持ったアドバイザーを求めています。今後成功するのは、人間味があってテクノロジーの革新的な使い方を兼ね備えた旅の目利きです。

10　目的地に向かう道中での時間（Higher Flyers）

経験豊富なハイエンドトラベラーにとって、旅は家を発つ瞬間から始まっています。旅の過程＝ジャーニーは、目的地と同等に思い出深いものになりつつあります。

1についてはこの後述べますが、2、3、5、7、8は、日本が物理的に比較的満たしている分野です。課題は6と9。全国でプライベートに所有されている別荘や行政が所有する文化邸宅、企業の迎賓館などを宿泊施設や特別体験の場として開放できれば、ユニークな旅先の幅が広がるでしょう。特に9の、人間味があり深い知識を持ったデジタル・リテラシーの高い旅のアドバイザーや案内人については、育成と能力に見合った報酬の確立が急務の観光人材の一つと言えるでしょう。事実このようなよいガイドがいる街には、遠方でもハイエンドなトラベラーが訪れています。

内面を旅するTransformative Travelがこれからのトレンド

このようなトレンドを受け、市場は新たな旅のあり方に注目しています。それが「トランスフォーマティブ・トラベル（Transformative Travel＝変容の旅）」（以下ＴＴ）です。雑誌『ＶＯＧＵＥ』が組んだ「なぜＴＴが２０１７年のトレンドになるのか？」という特集では、ＴＴにシフトしてきた社会状況を以下のように説明しています。

「ＴＴは次の旅の進化形です。これまでのトレンドだった『体験型（Experiential Travel）』と似ていますが、そこからもう一歩進んだもの。ラグジュアリートラベラーの旅のモチベーションは、視野の拡大、自己反映、自己啓発、そして自然や文化とより精神的なレベルで親密に対話することにシフトしてきています」というＴＴコラボレーティブ社のホパート代表の言葉を紹介しています。その理由として、「今日の文化は、デジタルデバイスとスピードに急かされていて、我々は自分自身から、他者との関係から、そして自然や文化から切り離されてしまっている。そのような状況でこそＴＴで自分の内面を旅することが必要だ」と主張しています。

またアメリカの観光産業の専門ニュース『スキフト（Skift）』も、「ＴＴの台頭」という記事の中で、ＴＴを２０１８年のメガトレンドの一つに挙げています。このような自己実現や自己変容への意識のシフトは、世界経済の動きによるものだとしています。

たとえばアップル社は、ハードウェアそのものや効率化という体験を販売しているのでなく、「トレンドに精通した最適で未来志向の生き方への約束を売っている」のだと。また、パタゴニアも服や冒険心を売っているのでなく、「自然環境への情熱と責任に対する精神を売っている」と。このように、企業の製品づくりも「単なる商品や体験を可能にするものとしてでなく、よりよい自分を表現する不可欠な要素として位置付けている」と言っています。そのような時代背景を受け、人々は自身が精神的、そして感情的により高いレベルで満たされる旅を求めているのです。

＊参考文献："The Rise of Transformative Travel" (SKIFT, March 2018)

この惑星はもっと高い次元の意識を必要としている

ハイエンドトラベラーのモチベーションとなっている「自己実現欲求」をマズローの「欲求五段階」説に当てはめてみると、それは五段階の最上位に当たります。四段階目の「尊厳欲求」が、「他者から認められたい、尊敬されたい」という他人からの評価を意識したものであるのに対し、自己実現欲求はさらにその先の「自分の能力を引き出し、創造的活動がしたい」と思う欲求です。ハイエンドトラベル市場では、自らの人生の目的に影響を与えるような、自分を高める深層体験をすることがより重要になってきているのです。

それを裏付ける結果が、アメリカンエキスプレス社が２０１３年に会員向けに行った消費に関する調査にすでに現れています。それによると、72%が「物よりも体験にお金をかける」と回答しています。さらに88%が「家族」や「富」を差し置いて、「旅」をバケツリスト（一生のうちにやってみたいこと）のトップに挙げています。

また、ＰＧＦ（プルデンシャル ジブラルタ ファイナンシャル）生命が2千人に対して行った『人生の満足度に関する調査２０１８』（**表1**）でも、「旅」が〝人生を豊かにしてくれる趣味や娯楽・レジャー〟のトップに上がっています。

＊参考文献："The Rise of Experiential Travel" (Peak+Skift, Special Report 2014)

さらに、夏休みの旅行先について、アメリカンエキスプレス社が旅行会社向けに行った調査では、34％の旅行会社が「クライアントが旅先に溶け込み、現地の人々がするような体験を求めている」と答えています。中でも冒険的なツアーや芸術や文化に根ざした体験が優先順位の上位を占めています。

このような自己変容の重要性は、すでに20年前にハーバードビジネスレビューに発表された「経験経済へようこそ（Welcome to the Experience Economy）」という論文で指摘されています。この中で二人の学者が「消費者の五感に訴えるクリエイティブな体験型のサービスが、生き残りの不可欠要素だ」と主張しています。そして人々は、関心や好みだけでサービスを選ぶのではなく、どのように自身の人生、考え方を「変容（Transform）」できる

［表1］今年、自身の人生の満足度を向上させたと思う趣味・レジャー（複数回答）
出典：PGF生命『人生の満足度に関する調査2018』

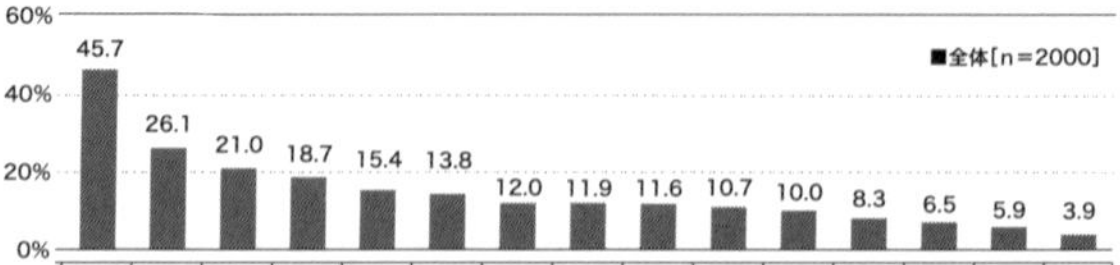

		n数	旅行	グルメ	音楽	ドラマ映画	スポーツ	漫画アニメ	ゲーム	ファッション美容	小説	自動車バイク	ネットサーフィン	SNS	舞台	アイドルイケメン俳優美人女優	ボランティア社会貢献活動
全体		2000	45.7	26.1	21.0	18.7	15.4	13.8	12.0	11.9	11.6	10.7	10.0	8.3	6.5	5.9	3.9
性年代別	20代男性	200	37.0	20.5	26.0	16.5	20.5	34.0	36.5	9.5	11.5	14.0	18.S	18.5	4.5	10.5	2.0
	30代男性	200	39.0	23.5	18.0	15.0	20.5	23.0	21.0	8.5	9.0	16.0	12.5	5.5	2.5	5.0	2.0
	40代男性	200	42,5	19,5	20.5	18.0	21.0	14.5	12.0	3.5	10.0	19.0	11.5	7.0	5.5	4.5	4.0
	50代男性	200	39,0	25.0	19.5	21.5	18.5	10.0	3.0	3.5	10.0	19.0	10.0	4.0	2.5	2.5	3.5
	60代・70代男性	200	53,5	23.0	21.0	17.5	23.0	1.0	0.5	3.5	16.0	14.5	10.0	2.0	6.0	1.5	5.5
	20代女性	200	45.5	35.0	29.5	24.0	9.5	26.0	19.5	27.5	14.5	5.0	8.0	19.0	12.5	18.5	3.0
	30代女性	200	48.0	32.5	24.0	18.0	8.0	17.0	14.5	22.0	11.5	5.5	9.5	11.5	6.0	6.5	2.0
	40代女性	200	50.5	31.5	15.0	13.S	11.0	6.5	5.0	15.0	8.5	4.5	6.0	8.5	6.5	5.5	4.5
	50代女性	200	46.5	25.0	18.5	21.5	11.0	3.0	4.5	17.0	14.0	6.0	8.5	4.0	8.5	4.0	5.0
	60代・70代女性	200	55.0	25.5	17.5	21.5	10.5	3.0	3.0	9.0	10.5	3.0	5.5	2.5	10.5	0.5	7.5

(%)

のかを指標に、商品やサービスを購入し始めていると結論づけています。

このように旅行後の自分に変化を起こし、自身を進化させることが、ＴＴが従来の体験型の旅や単なる本物志向の旅とは一線を画しているところだとして、米国のハイエンドトラベル会社であるワイルドランド・アドベンチャーズ社（Wildland Adventures）のクテイ社長は次のように語ります。「この惑星はもっと高い次元の意識を必要としている。トランスフォーマティブ・トラベルがそれを我々に与えてくれる」と。

ハイエンドトラベラーの旅の哲学

では、実際にそのような旅をしているハイエンドトラベラーはどのような旅の哲学を持っているのでしょう。ここからは、ハイエンドトラベラーを代表する二人の人物の旅行に対する哲学から、これからの旅を考えていきたいと思います。

まずは、フランスの伯爵家で、ラグジュアリー化粧品ブランドの創業家でもあるフィリップ・ドルナノ氏。これまで出会ってきたトラベラーの中で、最もダイナミックで冒険心旺盛、旅を存分に人生に取り入れているグローバルリーダーです。フランスではほとんどの人が４週間は夏休みを取りますが、フィリップは一年のうちの11週間を国外出張に、

＊参考文献："Welcome to the Experience Economy " (B. Joseph Pine II and James H. Gilmore, FROM THE JULY-AUGUST 1998 ISSUE, HARVARD BUSINESS REVIEW)

7週間を家族とのバカンスにと、年間3分の1以上を旅路で過ごしています。

フィリップが旅に求めることとは、異なるライフスタイルを発見し、家族と新たな思い出を紡ぐこと。自分たちの食文化と異なる料理を食べ、冒険的な体験をし、その土地の色彩、空気感などと自分が繋がることが重要だと言います。

「世界の複雑さへの好奇心と理解を持つことは、私自身を高めてくれる。なるべくいろいろな大陸や国に足を運び、違う文化や文明に触れるようにしている」として、バカンスでは〝なぜ、どのように旅するか〟がとても重要になってくるとフィリップは言います。

これまで訪れた中で特に印象的だった旅は、セヴェンヌ山脈やモロッコ沿岸をそれぞれ5日間かけて徒歩旅行したこと。それにスンバ島でのサーフィン、コスタリカや南アフリカのジェフリーズベイを訪れた時。そして1995年にラグビーのワールドカップのオープニング・トーナメントに出場した時です。最近では、フランス領ギアナでの熱帯雨林の生態を学ぶ旅がとても興味深かったと言います。予防注射を数種受け、防水ウェアに身を固めて、情熱的で知識豊かな植物学者にアマゾンを案内してもらったそうです。そこには1キロ四方の中に、なんとヨーロッパ中の植物の種類を超える数の植物が生育していました。「そこに住む人々にもまったく違った文化や背景が交差していて、非常に興味深かった。自然の荘厳さを身近に感じることができた」とフィリップは言います。

これから行ってみたいところは、アメリカのイエローストーン、ピラミッド、アンコールワット、それにシベリア。

フィリップが旅に臨む時は、冒険心をかき立てたいので、前もって旅のコンセプトを決めたり、情報で固めることなく、ファンタジーを大切にし、あくまでも自分の感性に任せて時間を過ごすようにしているとのこと。そうしてスリルをも楽しんでしまうのです。

旅先では、「自らを旅行者としての状態から解放し、現地の人々や暮らしとの本物の対話をしたい」と願っています。そのためにも極力ガイドはつけず、ガイドブックや雑誌よりも、訪れる国の小説や詩を旅先にも持っていくようにしています。たとえば京都へ行った時は、吉川英治の『宮本武蔵』や大佛次郎の『赤穂浪士』という風に。川端康成の『雪国』には、日本へのインスピレーションをかき立てられたそうです。

一族の団結力を強める

またフィリップたちはいつも大きなグループで旅をします。家族以外に兄弟とその家族、加えて友人や彼らの子どもたち、時にはその子どもたちの友人など、総勢20～30人、一族郎党で民族大移動するのです。

「若者のエネルギーに触れるのが好きなんだ。彼らと一緒にいる時間はいつも新鮮で刺激的。自分が失っていた感覚を呼び戻される。それにファミリービジネスにとって一族の団結力を強め、親睦を深めることは不可欠だ。そのためにも多くの時間や思い出、そしてそれぞれの親しい友人たちを、なるべくファミリーメンバーで共有するようにしているよ」

私たちも家族でドルナノ家の別荘や、バリ、スンバ島などで彼らと合流し、夕食を共にしたりして数日を一緒に過ごしてきましたが、そこにはいつもフィリップの兄弟家族や友人のお子さんがいて、いつの間にか我々も一族の一員になったような一体感を感じました。子どもたちも大人と対等に話をし、男子はドアを開けたり椅子を引いたりと、ジェントルマンとしてのマナーもしっかり躾けられていて、さすがだと感心しました。こうして幼い頃から異世代や、家族以外の多様な人や外国人との社交を通じてコミュニケーション力を身につけていく、そのことが人間の幅を広げるのだと身にしみて感じたのでした。

フィリップにとって旅が何をもたらすのかを尋ねるとこう答えてくれました。

「旅は私の視野を広げてくれる。異なる生活、人々、社会との出会いが刺激的だ。仕組まれた社会は退屈だけど、世界の多様性は私たちの心を潤してくれる。それに触れることで、自分自身のエネルギーが再充電されていると感じるんだ」

そして、日々の生活のリズムを変えてくれることも、旅の魅力だと言います。「十分に羽を伸ばして楽しんだ後、無事帰宅して日常に戻ると、ある意味ホッとし、悦びに浸る。でも、しばらくするとまた旅に出たくなる。このサイクルが自分自身を豊かにしてくれていると感じる。なぜなら好奇心は人生のスパイス、人生そのものだから」

旅先の決定は幅広い情報収集から

もう一人、パリのヴァンドーム広場に自身のジュエリーショップを構えるドイツ人のハイジュエリー・デザイナー、ロレンツ・バウマー氏も「人生は旅」と言います。

ロレンツは、旅好きな人と互いが体験した旅について語り合うのが好きです。会話の中に興味深いデスティネーションが出てきたら、調べてみて「行ってみよう！」と決めることもあります。「旅先にはある種の冒険的で驚きの要素が必要。それが旅をする意味でもある」と言います。友人が勧めたもの以外に、ネットでの検索や旅行会社、本、雑誌、テレビ番組などからも広く情報収集し、得た情報を元にエージェントと相談しながらデスティネーションを最終決定します。

旅の手配は、パリの「Voyages Sites et Valeur」という特別なエージェントに依頼しています。ここのトラベルデザイナーである女性は、ロレンツが飛行機で座りたい席、旅先でしたいことなど、彼の好みをすべて熟知していて、現地で必要な情報なども踏まえていつもきめ細やかに面倒を見てくれます。ひとたび旅先で不測の事態が起きればすぐに対処し、どんな時でも手を差し伸べてくれる。このトラベルデザイナーはロレンツにとって「旅の母親」のような存在だと言います。「彼女は多くのＶＩＰの旅の面倒を見ていて、皆彼女を全面的に信頼し、世話になっているよ」と絶大な信頼を寄せています。

インスピレーションを得る旅を企画

ロレンツが旅を企画する時には、「自分の仕事のインスピレーションを受けること。そして子どもや妻が喜んでくれること」を柱にコンセプトを考えます。

「誰に会うのか、どの美術館を見るのか、美しい自然に触れたいのか、それともただリラックスできて楽しければいいのか。これらを自分に問いかけながら、浮かんできたアイディアをうまくミックスして旅を作り上げているよ」

子どもが一緒の家族旅行に最も多くの予算を割き、特に宿泊施設と食を手厚くします。

レストランの選択にはうるさく、口コミ、ガイドブックやネット、それに「Yelp」などのレストラン検索アプリを使って入念にリサーチし、出発前に予約を入れておきます。

旅の最中は、「WhatsApp」アプリを通じて目に留まったシーンを親しい友人たちとシェアし、時にはインスタグラムに上げます。旅から戻った後は、写真や思い出話をネタに友人を集めてディナー会を開催することも。旅先で見聞きした情景、香り、生活や体験が、自身のブランドのクリエイションのヒントにもなるので、写真や手に入れた品を披露しながら、旅先で得たインスピレーションを社員や職方とも共有しています。「ここまでのすべての行動を含めて旅が完結し、また価値を持つのだと思っている」とロレンツはまさにトランスフォーマティブ・トラベルをブームの前から実践しています。

旅からインスパイアされることが無上に好き

ロレンツがはじめて親元を離れて旅をしたのは18歳のインターンの頃。以来「旅からインスパイアされることが無上に好き」なのだそうです。二児の父となった今は、家族で過ごすバカンスの時間を何より大切にしています。今一番子どもたちを連れて行きたいところは日本とエジプト。漫画や相撲、秋葉原など日本のさまざまな側面や、エジプトのピラミッドを見せて、子どもたちが何を感じ取るかを見てみたいといいます。

「子どもたちを異文化、文明に触れさせ、そこで何を感じるかを知ることに非常に興味があるよ。それによって僕自身がどう目覚めるのかも」

子どもたちが大きくなったら、いつか自分たちだけで旅をするようになるでしょう。

「それも大いに結構。でも我々とも引き続き旅をしてほしい。そのためにも常に彼らにとって魅力的で、一緒に来たいと思わせる旅を発掘し、提供し続けなければと思っている」

言うは易しですが、違う世代の皆のニーズを同時に満たす旅を企画するのは至難の業。

「それには相当のリサーチや、プランニング力が必要なんだ」とロレンツは飽くなき情報収集を続けています。

二人へのインタビューを通して考えさせられる点がいくつかあります。

まずは、詩的で文学的な、グローバルリーダーとしての素養です。特にフィリップは、常日頃から多くの本を読み、自身も詩集を出版しています。リゾートでは、プールサイドや浜辺で文学書を手にするヨーロッパ人トラベラーを多く見かけますが、フィリップもご一緒したニヒワトゥの浜辺でカミュを読んでいたり、ロレンツもインタビューの中で折に触れて旅に関連した詩や哲学に触れたりと、さりげない教養が会話の中にこぼれます。日本のビジネスリーダーも日頃から実用書や新聞・雑誌だけでなく、小説や詩を旅する気分で味わいながら、イマジネーションを豊かにしていきたいものです。

次に、旅を通して育む家族愛です。子どもたちが楽しみ、感性を磨き、視野を広げられる旅を作り上げることに二人ともエネルギーを注いでいます。多忙の中、自らの感性を駆使して旅を企画し、旅の最中には共にサーフィンや乗馬をしたり、森の中を探検したりと、子どもたちの先頭に立って刺激的な時間を過ごしています。このような父親を見て育つ次世代は、やがて親になった時にこのよき伝統を受け継ぎ、彼らの感性で旅を子育てや人生に取り入れていくことでしょう。教養があり、行動力のある父親と旅をする時間を持つ子どもは、父親に尊敬心を抱き、昨今の日本のように父親を「キモい」などとは思わないでしょう。遅くまで外で一生懸命働き、家では疲れ果てた姿しか見せられず、子どもたちに避けられるようになってしまっているとしたら、それはあまりにも残念です。旅はそんな子どもたちに意外な父親の一面を見せ、一目置かせるよい機会にもなるでしょう。

ヨーロッパやアメリカでは、休暇中は子どもたちは基本的に学校から完全に離れ、塾の講習に通う習慣もないため、兄弟が違う学校に通っていても子どもたちのスケジュールを合わせることが可能です。日本でも働き方改革によって今後自由な時間が増えていくことを願っていますが、親に時間ができても子どもが部活三昧では、家族旅行は実現しません。少なくとも年に一度は長期休暇でいつもの生活から飛び出して、家族で2週間ほど過ごせる時間を取るよう、社会全体で奨励すべきだと強く思います。また、年末年始やお盆などに休みを集中させるより、個々が休みを自由に選択できるようにすることで、旅行業界も需要が増え、オン・オフシーズンの極端な差がなくなります。

それだけでなく、子どもたちの視野を広げ、家族の絆を強めるなど、子どもの成長を取り巻く社会的課題の改善も期待できます。海外では年齢に関係なく家族で休暇や週末の食事などを共にすることが一般的です。そしてパートナーができれば、彼や彼女も加わって共に楽しい時を過ごし、そこに断絶がないことも日本が学ぶべき文化だと思います。

旅を取り入れて、日々の生活のリズムを変えることも、自分をリセットし、マンネリ化した視点を変え、インスピレーションを得るのに有効です。思考がリフレッシュした状態で意欲的に仕事や学びに戻り、考えがマンネリ化してきた頃にまた旅に出る。そうした日常と非日常が波のように入れ替わるサイクルをライフスタイルに取り入れることで、心と思考をリフレッシュさせ、解放させたいものです。

第2章　世界をポジティブに変えるハイエンドリゾート

NIHIWATU
PULAU
SUMBA
INDONESIA

自身の内面に訴えかけ、目覚めさせ、変容させる旅が、グローバルリーダーやハイエンドトラベラーに求められている背景について、第1章でお話ししました。ここからは、私が実際に旅をしてきた世界のリゾートやホテルが、どのようにハイエンドな価値を創り上げているのか。そしてそのためのノウハウをどのように構築し、維持していく努力を続けているのかを、創設者へのインタビューから描き出していきたいと思います。

トップバッターは、インドネシアのスンバ島にある「ニヒワトゥ（Nihiwatu）」です。ニヒワトゥとスンバ財団は、アメリカ人投資家のクロード・グレイブ夫妻が手つかずの島と島民の文化、生活を守りたいとの思いで十数年の歳月をかけて創った世界でもトップレベルのサステナブル・リゾートです。日本ではあまり知られていませんが、ニヒワトゥは旅行業界の数々のトップアワードを受賞し、ハイエンドトラベラーをはじめ、ラグジュアリーホテルの支配人やトラベルデザイナーなど、世界の旅の上級者たちがこぞって最高のデスティネーションに挙げるほど、一目を置かれている存在です。第1章で紹介したフィリップ、ロレンツ一家や彼の友人の家族たちも、毎夏ニヒワトゥに滞在しています。

今、世界ではニヒワトゥのような一泊の宿泊費が最低40万円もするスーパーリゾートが続々誕生し、予約が困難なほどの人気を博しています。中でも人の心を打ち、リピーターが絶えないリゾートには、共通して創設者やオーナーの夢と志があります。

たとえば、インドネシアのアナンバス諸島に２０１８年に正式オープンした「バワ・リザーブ」は、イギリス人のヨット乗りが、ダイナマイト漁による自然破壊から守ろうと、国に交渉して周辺の6つの島を海洋保護区に指定させ、そのうちの一つの島を手に入れて、水上バンガローを含む35棟のラグジュアリーなエコ・リゾートとしてオープンさせました。また上海郊外の「アマンヤンユン」は、中国東部のダム建設により破壊の危機に瀕していた歴史的な建造物や樹齢1千年以上の楠の林を守ろうと立ち上がった20代の慈善家が、約15年の月日をかけて50軒の明・清朝の邸宅と1万本の楠を手作業で移植、２０１８年にアマンリゾーツとしてオープンしました。このように、よいリゾートには人の心を打つ情熱とストーリーがあるのです。

ニヒワトゥはこの後に触れる理由から、日本の取材には応じてきませんでした。今回は フィリップの友人ということ、そして「君とは同じ感覚で話ができるから」とのことで特別に創設者であるクロードへのインタビューが実現し、夕日が沈む彼の自邸のテラスでワイングラスを傾けながら、夢の実現までのさまざまな思いを聞くことができました。

ハイエンドなリゾート運営が社会の問題解決に貢献し、それがハイエンドトラベラーの意識を高め、さらなる社会貢献を喚起するというＴＴの好循環。旅の上級者がリピートしてやまないリゾートの魅力は何か。高価値がどのように作られ、維持されているのか。そして何よりそのようなリゾートを誰が、どのような目的で作ったのか。そんな好奇心を抱きつつ、2017年夏にバリ島での一泊を経て、タンボラカ空港から道路とは呼べないガタガタ道を揺られ続けること2時間、やっとの思いでニヒワトゥに到着したのでした。

高価値の創造には自らハイエンドを楽しむことから

ニヒワトゥを作るに際し、創設者のクロードは「人里離れた、スペシャルで、ウェーブ（波）のクオリティーが世界トップの一つに入る場所」を条件に挙げていました。80年代のフォーシーズンズ、アマン、ヘリロッジなどのラグジュアリー・リゾートにヒントを得て発想。自身もハイエンドトラベラーであるクロードは、スキー、スノーボードなどのウィンタースポーツや、ダイビング、サーフィン、フィッシングなどのウォータースポーツ、あるいは文化体験の宿泊施設に、上質なところがまったくないことに気づきます。「このマーケットの競合がなかったので、チャンスだと思った」というクロード。

彼にとって旅の始まりは、若い頃のバックパック。その時分は、テントを張って予定も立てずにあちこち渡り歩くのが、楽しくて仕方がありませんでした。仕事に就くとモーテルのようなキャンプより少しだけレベルの高いところに、稼ぎが増えてくるとハイアットやヒルトンに泊まるようになりました。そこを卒業すると、アマンやリッツ・カールトン、フォーシーズンズでの滞在型の宿泊体験。「でもこのレベルを過ぎると、その先がないんだ」と気づいたと言います。

「ないならば自分が作ろう」とクロードがまずしたことは、他の場所の問題点、欠けているものを徹底的に洗い出し、「自分だったらここをどう変える？」と問いかけること。このプロセスを経て、自分が満足できるものをまとめ上げた結果がニヒワトゥでした。クロード自身がバックパックからハイエンドトラベルに至るまでの階段を身を以て上ってきたこと。そして、世界のハイエンドなデスティネーションで遊び尽くし、ゲストの空気感やそこに流れる雰囲気を感覚的に体得していることが創設の背景にあったのです。

ハイエンドは「占有」

ニヒワトゥの数ある魅力の中でも、重要な位置を占めているのがロケーション。クロードは、観光産業が確立されておらず、旅そのものの本物感と解放感を感じられ、ある意味「世界の果て」である場所を求めて、モルディブやタヒチをはじめ世界中を旅しました。

ベストリゾートで誰がどんなことをしているかを1年かけて見て回った結果、自分たちならもっといいものを作れるという確信が持てました。そして、ついに見つけたスンバ島の手つかずの海と浜を主役に、ドラマチックな景色を最大限に引き立てることができる空間構成を考えました。

ここは、世界でも五本の指に入る良質なサーフスポットです。エメラルドグリーンから天色に色移る海と、さらさらの白い砂浜。視界には人工的な建造物は一つもなく、10メートルの高波が激しく寄せては引き、浜辺をきめ細かな水しぶきが覆います。その雄大な波上を滑らかにすべるサーファーたち。そんなクールでダイナミックな波乗りを見ながら朝食が取れるのも、ニヒワトゥならではの贅沢です。夕暮れ時は、茜色のグラデーションが海上を覆い、マイナスイオンをたっぷり吸いながら、打ち寄せる波を足元に感じつつ、ゆったりと散策を楽しむことができます。

これまでに私が訪れたフィリピンのアマンプロや、タイのソネバキリ、バリ島のアヤナリゾートのビーチも、透明の海といい、真っ白な砂浜といい、見事でしたが、ニヒワトゥのビーチは素朴で見渡す限り何もなく、誰もいません。これこそが贅沢と、ゲストは口を揃えます。ゲストとスタッフを除いては、時折地元の漁師が魚を取りに訪れるのみの完全

photo by Jason Childs

なプライベートビーチ。ハイエンドとは「占有」だと改めて感じさせられます。

景色の確保、保全だけのために、クロードは広大な土地を取得せねばなりませんでした。

「たとえば対岸に安っぽいホテルができたりするような、僕のビジネスを破壊するようなリスクを回避するために、視界に入るすべての土地を買い上げて『崖』を作った」という徹底ぶり。スタッフ総出でビーチを掃除し続け、浜辺に外部者が入ってきたら警察を呼ぶなどの努力を重ねた結果、1キロ以内の住人以外は入ってこなくなりました。

「一般観光客を迎えたらゴミを撒き散らされて終わりだからね。それに付き合っていたらとても今の環境は維持できない。だから僕は、エクスクルーシブに特化したんだ」

私は毎朝6時過ぎの朝焼けと、ディナー前の夕暮れ時に波打ち際を散歩しました。時間の制約も目的地もなくただ歩を進めていると、積もった疲れや心配事が波にさらわれて、心の中がごっそり洗われたように軽くなりました。そして、自分の存在も悩みもこの壮大な自然の中でいかにちっぽけかに気づかされ、来たるすべてのことに抵抗せず、流れに身を任せてみようと切り替えられる貴重な時間になりました。

本物のソフト・アドベンチャー

アクティビティの本物感とクオリティーの高さもニヒワトゥの魅力です。アクティビティを併設していること自体は珍しくはありませんが、世界屈指のスポットでのサーフィン、本格的なスポーツフィッシング、波打ち際での乗馬、滝や伝統的な村を巡るトレッキング、そしてプライベートガイドのサファリトレッキング付きのスパトリートメントなど、上質で一ひねりあるバラエティに富んだアクティビティが提供されていることが特徴です。

中でも、サンライズとサンセットの時間帯に浜辺で楽しめる乗馬は、ニヒワトゥならではの、とびっきり豊かな体験でした。澄み切った空気の中、白砂に蹄の跡を残しながら、手入れの行き届いた馬上で心地よい揺れに身を任せれば、散歩の時より波を一層近くに感じます。すると、無駄な思惑や余計な雑念が削ぎ落とされ、自分の感覚がシンプルに、鮮明になってくるのを実感できます。

オリジナリティあるアクティビティが盛りだくさんで、やりたいことが滞在中に制覇で

きず、「次はあれをやってみたい」とまた来たい気持ちにさせられることも、長期滞在者やリピーターが増える要因になっています。

家族全員でサーフレッスンを受けましたが、二人の若く爽やかなインストラクターが、エネルギッシュに教えてくれます。眩しい笑顔で一人一人に行き届いた指導をし、脱落しそうになるとすかさず「カモン、パパ！」「レッツゴー、ママ！」などと励ましてくれます。おしゃれで格好よく、心配りの行き届いたインストラクターとの出会いも、アドベンチャーの要素としてキラリと光りました。

1時間半のレッスンから戻ると、浜にはランチの準備が整っていました。テーブルクロスが敷かれ、食器等も本格的なテーブルセッティング。屋外キッチンが設営され、オーダーを受けてメインディッシュに取り掛かるべく、シェフがスタンバイしています。私たちだけのためのプライベートランチ。浜辺に茣蓙《ござ》を敷いてのランチボックスを想像していましたが、自然の中でも例外なくニヒワトゥの上質なサービススタンダードが保たれていることに感心さ

クロードと著者

せられました。

「人は価値のある体験に金を払う。体験に価値があれば、人々はかなりの金を払うということを我々は証明しているんだ」とクロードは言います。「我々がここで提供しているものは、バリ島のフォーシーズンズにもないもの。『本物のソフト・アドベンチャー』なんだ」

フレンドリーなオペレーションスタイル

クロードの作ったフレンドリーなオペレーションスタイルも、ニヒワトゥでのくつろぎの時を作り上げるのに大きく貢献しています。クロードはオーナーというより、友人を別荘に招いたホストという意識でゲストと多くの時間を過ごし、彼らが心から滞在を楽しんでいるかに、かなりの気を配ってきました。

ゲストの到着前には、バックグラウンドや家族構成、これまで訪れたゲストの友人なのか、部屋にはどのようなドリンクを好むかなど、できる限りのゲストの情報を収集し、参考にしてサービスに生かしてきました。ニヒワトゥに行ったらいつもの好みのドリンクが部屋に用意されていたというような小さな心遣いを、ゲストはとても喜ぶのです。

「それが口コミで広まって人が集まって来て戻って来て、また友達によさを伝えて、ということが繰り返し行われている。つまりここのビジネスはズバリ、『口コミ』で成り立っているんだ。マーケティングに頼ったり、ＰＲに膨大な金をつぎ込まなくて済む、これこそがベストな運営だ」とクロードは言います。多くのハイエンドリゾートは、ゲストのプライバシーを守ることに目が向いていますが、ニヒワトゥでは毎週バーベキューパーティーが開かれ、ゲスト同士が自然に繋がり、社交を楽しめる心遣いがなされています。

このようなスーパーリゾートを訪れるゲストのすべてがハイエンドトラベラーというわけではありません。中には地道に貯蓄してやっとここに来たり、ハネムーンなどの一世一代の機会に思い切って来たというゲストも一定数います。それぞれが各々の背景と目的を持って楽しみ、ゲストは皆フラット。ここにいる誰もが平等に、職業やステータスにかかわらず交流を楽しめます。長期滞在の間、家族や一緒に来た友人とばかり交わっているのでは退屈しますし、素敵な出会いは旅の何よりの思い出になります。ハイエンドな環境ではとかくスノッブな雰囲気が漂いますが、ニヒワトゥでは他のゲストと知り合い、繋がって一緒に散歩したり、出会いを通じて楽しいひと時を過ごすことを推奨しています。

観光ビジネスは「世界を本当にポジティブに変える機会」

そして何よりニヒワトゥが他のリゾートとは一線を画するのが、社会貢献という軸です。クロードはニヒワトゥに「スンバ財団」という社会貢献の仕組みを取り入れ、スンバ島の人々を救う挑戦を続けています。

人口60万人の島は貧しく、アフリカを除くと世界で最もマラリア患者の多い地域です。調査によると、5歳以下の子どもの65%がマラリアにかかっていて、45%の母親が少なくとも一人の子どもをマラリアで亡くしています。水が供給されていない地域もスンバ島には未だ多く、水の浄化と供給路の整備、そして衛生教育は待ったなしです。内情を知れば知るほど、この島には問題が山積していました。

そんなスンバ島に、クロード夫妻は80年代の終わりから6年間、島民と同じ水も電気も病院もない環境の下に住みました。マラリアに幾度もかかり、感染がどれだけ身体を衰弱させるかを身を以て知りました。その教訓がクロードを奮い立たせ、現状をリサーチして解決の方策を探り、そしてスンバ財団のプロジェクト全体をデザインしました。

やがてクロードは、構想の実現に向けて世界中のエンジニアや開発者などのベストプレイヤーに声をかけました。そして、スンバ財団の多層にわたるプロジェクトがいつ、どのように開始され、どのくらい費用がかかるかを盛り込んだ20年にわたる事業計画を説明しました。それは彼らの共感を呼び、通常彼らが手にする半分以下の報酬で参画してもらうことに成功しました。彼らにとって大事なのはお金でなくチャレンジ、ミッションだったのです。こうしてエキスパートをプロジェクトに巻き込めたことが、ニヒワトゥの大成功に繋がりました。今では予約客の多くがスンバ財団の社会的、環境的イニシアティブに興味を持ち、ほとんどのゲストが到着前にこの人道的支援について知るまでになっています。

「一般に、支援で集まったお金は行政やコンサルタントへの高額な報酬やマーケティング費用に使われ、さらにまたその支払いを続けるためにもっとお金が必要になる。結果、実際の支援にはなかなかまわらないというのが常だ。まったくがっかりな悪循環だよね」

このような負のスパイラルを回避し、支援が必要なところへ直接届く仕組みの設計もクロードが力を入れた部分です。スンバ財団ではこれまでに、西スンバの164キロ四方の地域でマラリア患者の救済や衛生教育、給水の整備、学校の設立や給食の供給、就労支援に当たってきました。それにより、4つの病院が建設され、マラリア感染者は支援前に比べ93％も減少しました。また、65本の水路と260ヵ所のウォーターステーションが設置され、22校の小学校も開設されました（2019年現在）。スンバ財団を訪問するツアーも毎週開催され、ゲストは水の供給状況を知ったり、マラリアクリニックを見学したり、学校給食でのボランティアを務めるなど、島民の暮らしの現状を学ぶ機会が与えられています。

地元の人々を、スンバ財団のような大きなスケールで継続的に支援しているホスピタリティの事業体は、おそらく他に類をみないでしょう。「観光ビジネスには、今まさに『世界を本当にポジティブに変える機会』を与えられているんだ」とクロードは力説します。

毎週のバーベキューパーティーでは、冒頭にスンバ財団の活動や、スンバが置かれている現状の課題を紹介するプレゼンテーションが行われます。子どもから大人までがそれに聞き入り、映し出される映像から自分たちが知らなかった厳しい現実を知らされます。それを受けて家族や同じテーブルのゲストと話し合う光景があちらこちらに見られました。

私たちの滞在時には、地元の学校の教室があまりに広すぎて、先生の声が生徒に届かないという問題が挙がっていました。それを聞いたドイツ人のゲストが、早速教室を間仕切る工事費の寄付を申し出ていました。また、第1章で紹介したロレンツは、滞在中にスンバ

スンバ島の小学校と著者

に魅せられ、自分も島の生活向上に寄与したいとオリジナルジュエリーをデザインし、リゾートのショップでの売り上げをスンバ財団に寄付しています。このように、ニヒワトゥを訪れるゲストの多くが寄付を申し出たり、スンバ財団を訪れるとクロードは言います。

「ゲストの多くはなんらかの形で世の中に貢献したいと思っているけれど、そのための時間や人脈がない。あるいは実は自分が貢献したいと思っていることにさえ気づいていない。実はバックパッカーでさえなんらかの貢献をしたいと思っているんだよ。観光に対するマインドセットが、ここ10年間でこれだけ変わったということだ」

問題が出ればさらに支援者が増えるという好循環

ニヒワトゥでは、支援プロジェクトが始まる前に実際に現場を目にすることができます。スンバ財団を訪問したゲストが「この村にはまだ水道が通っていません」というような課題の説明を受け、リゾートに戻って水の供給プロジェクトに寄付をする。スンバ財団はプロジェクトの進捗状況をゲストに報告し続け、ゲストはプロジェクトの完成を見にまたリゾートに戻ってくる。寄付の恩恵を受けた人々の幸せな笑顔に出会い、ゲストはさらに支援したい気持ちになり、再度ニヒワトゥに戻ってくる。このように、成功が積み重なり、問題が出ればさらに支援者が増えるという好循環がニヒワトゥとスンバ財団を取り巻いています。
『何か支援が必要な課題はありませんか？』『このプロジェクトがどう解決するか見てみたい』と言ってゲストは次の滞在の予約を入れ、進捗を見に戻ってくる。プロジェクトの成果やスンバの人々と接して自分自身の何かが変わり、まるで大きな家族のように課題解決にコミットしていく。その体験を家族や友人に伝え、次は子どもたちをスンバ財団に連れてくる。そうした広がりもリピート率の高さに繋がっているんだ」とクロード。

彼が感慨深そうにこう話していたことが印象的でした。

「夏休みに家族とニヒワトゥにやってきたあるゲストのお嬢さんは、スンバ財団の活動を知って感銘を受けた。休み明けに彼女は学校に戻って、自ら資金集めのイベントを企画して寄付を募った。そして翌年、直接自身で届けたいと、ここにたくさんの寄付金を持って戻ってきてくれたんだ。このイニシアティブを聞いた時、僕は涙が止まらなかったよ」

これからのトラベル市場は、よりニヒワトゥのような方向に向かうとクロードは推測しています。「若い世代はよりエクスクルーシブで、体験型のラグジュアリー・マーケットがトラベルシーンで今、すごい勢いで成長してきている」

今後もハイエンドな体験型のマーケットにポテンシャルを感じる一方で、ビジネスモデルの作り方には気をつけなければならない、とクロードは指摘します。

「たとえばアマンは僕にとって『死にゆく恐竜』だ。最近アマンは買収されて、新しいオーナーは、シティホテルのほうにもっとフォーカスしていると聞く。（自然派高級リゾートの先駆者である）シックスセンシズはコンセプトがよく、オーナー夫妻のデザインのテイストがとてもいいが、短期に拡大しすぎて経営危機に陥った。4年のうちに15もの施設を所有し、赤字はその内の3つか4つにもかかわらず、グループ全体の足を引っ張ってしまい、オーナーはビジネスを失った。こういう経営リスクには気をつけなければいけない」とクロードは警鐘を鳴らします。存在意義とゲストの満足度にしっかりフォーカスした運営を地道に続けることの大切さを、クロードの言葉が語っています。

メディアコントロールもハイエンドな価値の創造には不可欠

ハイエンドな価値を創造するマーケティング戦略については、メディアのコントロールが重要だとクロードは主張します。

２００７年、世界規模で活動する観光関連企業の団体で、「観光分野のダボス会議」と称されているＷＴＴＣ（世界旅行ツーリズム協議会）が、持続可能な観光の分野で顕著な業績を上げた企業や団体、観光地を表彰する「明日へのツーリズム賞」にニヒワトゥを選びました。翌２００８年にはＰＡＴＡ（太平洋アジア観光協会）の観光分野で金賞を受賞するなど、業界屈指のアワードを10年前にすでに受賞しています。自らは一切受賞を広報しませんでしたが、各メディアがこれらを取り上げ、知れ渡るようになりました。

ただし、真に魅力的なリゾートビジネスを構築したかったら、どんなゲストに来てもらうかを、どの雑誌に載るかでコントロールする必要があるとクロードは言います。サーフマガジンやダイブマガジンのように読者が限定されるものはダメ。一方で女性誌、特に『VOGUE Brazil』がハネムーナーに最も訴求できると言います。「美しい妻がヨガやウェルネスプログラムでリラックスし、かっこいい夫がサーフィンをしているシーンが掲載された特集が発行されてから2週間後には、ボーイフレンドを連れた美女や若い夫婦が素敵なひと時を求めてやって来たよ」とクロード。彼らがＳＮＳ映えするイメージを発信し、友人に勧めたことでさらに客が広がりました。この層が予約客の70％を占めています。

「ここはすべてがフォトジェニックで、悪い写真を撮ることのほうが難しいほどビジュアルが鮮烈。だから自ずとインスタグラムやフェイスブック映えするんだ。そのおかげで特にＰＲ戦略を立てなくとも、ゲストの投稿を通して十分に魅力が広がっている」

リゾートにはフォロワーの獲得を専門にＳＮＳ広報を担当するスタッフがおり、今後はよりＳＮＳが効力を持ってくるとクロードは感じています。

国民性を考慮したマーケットコントロール

国民性を考慮したマーケットコントロールも、雰囲気維持にはやむを得ないとクロードは言います。

「我々は口コミだけですでに一杯で、皆を受け入れるキャパがない。それに僕たちはとてもいいマーケットを押さえていて、絶対にそれを台無しにしたくない。だから雑誌に載る場合はヨーロッパはイギリス、フランス、スペイン、イタリア、ドイツ、スイスで、ベルギーやデンマークはなし。ブラジルやチリは媒体を慎重に選ぶ必要がある。アジアは英語が話せて駐在員マーケットのある香港とシンガポールだけ。申し訳ないけど日本や中国はターゲットにしていない」

それにはこんな理由がありました。「あるとき日本人のとっても素敵なカップルが何度かリゾートを訪れた。でも彼らは英語が話せず、他のゲストやスタッフとまるでコミュニケーションが取れなかったんだ。ゲストたちは懸命に彼らに話しかけ、なんとか輪に溶け込めるようにとかなりの気を遣った。でもコミュニケーションが成立しなかった。あるいは騒がしい中国人が大挙してここにやって来ることを想像してみて。それは今のとてもいいマーケットの喪失に繋がる。一度失った信頼は二度と戻らず、ゲストは他のリゾートを探しに行くだろう。そこに馴染まないゲストを招き入れることは、他のゲストのストレスになり、スタッフにもストレスをかけ、結果本人たちもストレスを感じ、誰にとっても一つもよいことはない。だから現状を維持するために、どの雑誌にどのように載るかを非常に注意してコントロールしなきゃならない」とクロード。一見すると排他的にも聞こえますが、これはニヒワトゥを求めてやってくるロイヤリティーの高いゲストを失望させないための方策であり、責務でもあるのです。評判を築くのには時間がかかりますが、失うのは一瞬。エクスクルーシブに特化したマーケットコントロールがしっかり行われ続けてこそ、ハイエンド層のリピートが止まないサイクルが確立できるのです。

ゲスト自身がニヒワトゥのアンバサダー

これらのハイエンドに特化した方針が功を奏し、アマンやシックスセンシズの倍ほどの滞在費でありながら、ニヒワトゥの占有率は平均65％、6月から10月のハイシーズンは85％を超え、夏休み期間は1年前から予約で埋まります。滞在中に次の予約を入れる客も多いことから、リピート率も20～25％とかなり高く、年に数回訪れるヘビーリピーターが15％にのぼります。バリ島からおよそ5時間、多くの都市から1泊のトランジットが必要な、決して容易でないアクセスや価格を考えると、この数字は驚異的と言えるでしょう。

長期滞在客も多く、常連客には1ヵ月もの長期滞在が多いということにも驚かされました。今回の滞在中に出会った家族も短くて3週間、今回の1ヵ月の滞在後に今年もう一度戻るという家族もいました。年の4分の1をここで過ごすゲストも相当数います。「あなたたちはどのくらい？」との質問に、渋々「4日」と答えると、驚愕の表情に。「ここでの時の流れに身体を合わせ、アクティビティを楽しむには、どんなに短くとも1週間は必要だよ」と苦笑いされました。これらのリピーターにとってニヒワトゥは旅行先というより別荘、あるいは第二の我が家という感覚なのでしょう。

ニヒワトゥの主なゲストは35～50歳ほどのグローバルリーダーと家族、それにハネムーン客やサーファー。4～5割が投資家など金融関係。起業家、弁護士も多くいます。

「ゲストの中には人生に幸せを感じていない人もいる。彼らは、自分を変えるにはすでに遅すぎると諦めてしまっているんだ。そんな彼らに僕は言っている。僕がこのリゾートのプロジェクトを始めた時は40歳だった。だから何をするにも遅すぎることはないんだと。チェンジは自分のマインドにもよい作用を起こすんだよと。どんな仕事だって毎日同じことを繰り返していたら、誰だって退屈するだろう。大波を見つめながら、自分が本当にしたいことを見つけるきっかけをつかんでもらえれば嬉しい」とクロードは言います。

ニヒワトゥを訪れるゲストは、揃って「ここを人には教えたくないな」と言います。「エクスクルーシブなものは万人向けではない。限られた、選ばれし者のため。ゲストが戻って友人たちに伝え、そのうちの一人が来てくれればいい」とクロード。「常時100％埋まらなくても、常に60％がリピートしてくれれば、ゲスト自身がニヒワトゥのアンバサダーになって、100％の占有に貢献してくれるようになる」

ターゲットをしっかり定め、コアなファンの求める世界観をぶれずに守ることが、ハイエンドビジネスを持続させる肝といえるでしょう。

課題はハイエンドをスタッフに理解させること

こうしてほぼ理想どおりの楽園ができ上がりましたが、ゲストの期待に応え続けるためのオペレーションの向上が課題だとクロードは言います。重要なのがスタッフ教育。ボートハウスのスタッフなど、ハイエンドな場所で働いた経験がないスタッフに接客上の話し方、身なりや態度などの基本をクロード自身が手取り足取り教える必要がありました。

「たとえば、秘境のビーチに行くエクスカージョンがあるけど、プラスチックの皿やカトラリーはハイエンドなゲストには出せないよね。ノーノー、陶器の皿にシルバーのカトラリー、布ナプキンもつけなくちゃ、と。たとえ屋外でも、ニヒワトゥではゲストのレベルに合わせた、本格的な体験を提供しなければいけない。そうするとゲストは〝なんて素晴らしいんだ！〟と感激してくれる。ピクニックなのに、こんなに上質なんだってね」

また、島民の働く機会を創出することもニヒワトゥの貢献です。リゾートの従業員のうち95％をスンバ人が占めており、ニヒワトゥは島内最大の雇用者の一つです。

「結局のところ、我々はこの島のビジターです。この島にずっと住んでいくわけではない。だから専門性の高い職種を除いては、極力スンバ人を雇い、スキルが伝承され、彼らの生活が維持されるように支援したい」と総支配人のジェーソン・トループは言います。

世界中から集まるゲストに質の高いサービスを提供するためには、まずはゲストの要望を正確に理解し、コミュニケートできる英語力が不可欠。そのために、ニヒワトゥではフルタイムの英語教師を雇っています。この教師は専任でスタッフの英語教育のみに携わっています。特にゲストのニーズが高いスパには、英語力に加えて技術力と経験が豊富なスタッフを採用し、人員が入れ替わる時には経験値がしっかりと引き継がれることを確認しています。また、かつてオランダ領だったスンバ島にはオランダ人女性が経営するホスピタリティ・スクールがあり、現在このスクールから7人がニヒワトゥで働いています。

自己破壊的だった30代から40代で夢を実現

若かりし日のクロードは、30代でケニアに東アフリカ最大規模のクラブを作り、それが大ブレイク。財を成したところで、クロードは1984年にそのクラブを売却。「当時は、仕事はエキサイティングだったけどハードで、ヘビースモーカーで大酒飲み。睡眠不足で、自己破壊的な生活をこれ以上続けていくのは無理だった」とクロードは振り返ります。

その後、平日はスキー三昧を楽しみ、週末は80年代当時、音楽と食が最もホットな場所だったシアトルで過ごしました。そのうちに退屈し、40歳にして自分の夢が実現できる場所を追い求めて夫人とスンバ島に移り住んで足掛け27年。かつて描いた青写真は今、ほぼ実現できたと言います。クロード自身が熱狂的なサーファーで、夫人はスパや乗馬、それに原始的で本物の文化を求めていたという夫妻の嗜好は、典型的なハネムーナーの求めているもの、つまりニヒワトゥのゲスト像にぴったり合致し、リゾートをデザインする上で格好のテストケースになりました。

「ハネムーナーはここが大好き。手つかずで原始的、偽りのない文化と暮らしがあるから」

最初は自宅付近で小さく始め、バンガローを少しずつ加えながら、二人の子どもたちをこの地で育て上げました。自らの夢と理想を描き、その地に腰を据えて自分の友人を招くような気持ちで心を砕いてサービスを高めていったからこそ、オンリーワンの価値を作り上げられたのでしょう。

クロードは今、敷地の隣で新たなプロジェクトに着手しています。それは、ゲストが4〜6週間長期滞在するような、本格的なウェルネスセンターです。

「僕が目指しているのは本格的な医療スパ。医師が常駐し、麻薬中毒者がデトックスするような場所だ。それもラグジュアリーな空間で、さまざまな方向から回復を促し、エネルギーを得るような所。そのための食や体験プログラムが重要だ。一緒に仕事をする素晴らしい建築家たちや参画するメンバーも皆、このプロジェクトに大興奮しているよ。敷地の中でもここはとってもパワーのあるスポットなんだ。実現化のための資金は潤沢にあるよ」

このように、世界の課題に接し、学び、貢献することで自分の中の何かが変わり、高まるというTTは、他にもアフリカやカンボジアなど他の地域で多くのハイエンドトラベラーを啓蒙しています。このようなハイエンドトラベルと社会貢献が抱き合わせになった支援の仕組みは、災害の復興、伝統・文化の維持、過疎地帯の活性化、自然環境の保全など、日本が抱える課題解決へのヒントとなるのでないでしょうか。

ニヒワトゥに学ぶハイエンドな価値の創出法

1 手つかずの自然や偽りのない暮らし・文化を占有できる環境を守る
2 本物のソフト・アドベンチャーを楽しめる質の高いアクティビティを提供する
3 社会に貢献したいというゲストの欲求を満たす社会貢献の仕組みを組み立てる
4 エクスクルーシブなゲストの世界観を守るマーケットコントロールをする
5 自然体でゲスト同士が出会いや社交を楽しめる雰囲気や機会を提供する

第3章　美意識を磨き、伝統の英知を学ぶ

DHARA
DHEVI
HOTEL
CHIANGMAI
THAILAND

東京ドーム5個分の広大な土地に、ランナー王朝時代の王宮を再現したかのようなメイン棟を中心にして、手入れの行き届いた水田を囲むように伝統的なタイ北部の民家風のヴィラやお寺、円形劇場など123棟が点在するチェンマイのリゾート「ダラ・デヴィ」。プルメリアや蓮子など色とりどりの花やハーブが彩る路地を馬車が走ります。

ランナー王朝は、13世紀から18世紀にタイ北部からラオス、ミャンマーにかけての一帯に栄え、稲作文化が豊かなことから「百万の田」とも呼ばれました。まるでリゾート全体が、その失われたランナー王朝時代に迷い込んだかのように感じる壮麗な建築群です。

ダラ・デヴィは、洗練された雰囲気の中でバカンスを過ごしながら美意識を刺激し、伝統の英知を学べるという点で、「生きた美術館」とも言える、数あるリゾートの中でも抜きん出た存在です。都会人に農村の暮らしの崇高さを示し、その知恵や技をアクティビティのコンテンツとして伝え、伝統文化の伝承に大きく貢献しています。

これはランナー文化をこよなく愛し、その魅力を世界中の人に伝えたいと一念発起した一人の経営者が、私財を投じて建設したカルチャーリゾートです。オーナーは実業家のスチェット・ポム・スワンモングコル。自動車業界で財を成したスチェットは、自身も数多くの絵画やランナー古美術を収集し、リゾート内やオーナーの自宅にはそれらが数多く飾られています。そんなスチェットは、タイでは「ランナー王朝の遺産の後継者」と呼ばれています。彼がダラ・デヴィで作り上げた、リゾートに滞在しながら自然に文化に親しみ、学べるという仕掛けは、日本の文化振興のモデルケースとしても参考になります。

きっかけは自動車業界での大損失

スチェットは、タイ国内最大規模のいすゞのディーラーとして成功を収めました。ところが１９９７年に起きた通貨危機で、三晩でなんと1億ドル近くの財産を失ってしまいます。この大損失で、自動車ビジネスの将来性が見えなくなったスチェットは、41歳の若さで引退を決意。タイ南部を出て北部のチェンマイに越し、1年ほど旅行をして色々な国の文化や景色を楽しむ気ままな生活を送っていました。折しも自宅がフォーシーズンズホテルの向かいで、そこで朝、昼、晩と食事をしたり、ゲストをもてなしていました。すると、スチェットはふと「待てよ、僕ならこれを超えるものを作れるぞ」と思いつきます。「文化的なアプローチ、タイ北部の文化を再現するには、もっとやるべきこと、できることがある」と、スチェットはダラ・デヴィの構想を温め始めました。

ホテルビジネスの経験がなかったスチェットは、手始めに現在のダラ・デヴィの隣地でタイレストランをオープン。その1年後に周辺の土地を取得してホテルの建設を始めました。計46軒の土地所有者から一歩一歩、「まるでレゴのように、蛇がとぐろを巻くようにゆっくりと」土地を買い集めました。土地の取得が一筋縄でいかなかったことが、のちのダラ・デヴィの空間づくりに思わぬプラスに働きます。

信心深いスチェットは、まず最初にお寺を建立しました。「小さな寺だけど、これを作るには最高レベルの腕のいい大工、絵師、彫刻家らを結集する必要があった。寺が無事完成したことで、この様式でもっと大きなスケールのものを作れる自信がついたんだ。それで、真剣に王宮のようなホテルを作ることを決断した」とスチェットは振り返ります。

当初は全体がどれほどの規模になるかが読めなかったため、ダラ・デヴィにはマスタープランというものが存在しません。少しずつ付け足していったことで、リゾート全体が自然と本物の街のような雰囲気になりました。

「今日どこのリゾートを訪れても、どこもまるでクッキーカッターで押した様に、ブロックごとに同じような建物が並んでいるでしょ？　でもダラ・デヴィは違う。大きな宮殿、小さな宮殿があり、貴族の館や豪商の家、そして質素な家に農家がある。多様な人々の生活が感じられることが、空間をより生き生きと魅力的にしているんじゃないかな」

　このような環境を生かし、古都の住人になった気分で滞在できる工夫がされています。各ヴィラには本格的なダイニングキッチンが付いていて、食器や調理器具から調味料までを貸し出し、一通りの調理ができるようになっています。長期滞在で毎日3食レストランでは疲れてしまいますし、好きなものが自由に調理できる環境は、家族連れには特に助かります。広々とした2階建てのヴィラには書斎もあり、仕事や勉強をしたり、キッズクラブやフィットネスでトレーニングをしたり、講座を受けたりと、一日の過ごし方を多様な選択肢から選ぶことができます。夕食後にはリビングでピアノを弾いたり、図書館で借りたＤＶＤを鑑賞したりと、住人気分で滞在を楽しめることが、一つの街のようなダラ・デヴィならではの時間です。貸出用の自転車も用意されています。

ダラ・デヴィは街や観光への文化的社会貢献

　スチェットがチェンマイに移った当時は、ランナー様式のホテルはほとんど見られませんでしたが、その後ダラ・デヴィに追随して、30軒ほどのランナー式のホテルやゲストハウスがオープンしました。

「僕はランナー文化を復活させたいと思っている。街中の多くのホテルが、ダラ・デヴィの影響を受けて、彼らなりのランナースタイルを実現している。それにより、街の景観が保たれている。5階建や10階建のモダンなビルが立ち並ぶより、ずっといいでしょう？こうして街の景観に影響を与えることでチェンマイの街に寄与できたと思う」

タイの他のリゾートには、アジアンリゾートの先駆けでもあるバリ風のフュージョン建築が多い中、ダラ・デヴィは、この地に根ざしたランナー様式に忠実にデザインされています。たとえば、リゾート内に入ってからロビーまでのアプローチは、車が走ると石が動いてゴトゴトと音がします。あえて音が響くような石の敷き方をしているのは、兵士が橋を渡って侵入してくるのを音で察知するための、昔のアラームシステムなのです。

「ここにあるようなモニュメントを建造するのはとっても大変で、これを作り上げるのに6年もの月日がかかった。昔の人々の生き方を、タイ人と外国人の両方に見せることができる。それが僕の文化的社会貢献だ」

スチェットは、ランナー文化のソフト面に光を当てるビジョンも持っていました。

「タイの次世代の若者たちはコンピュータを使ってほとんどのことができてしまうけど、牛と水牛の違いを聞いたら答えられない。だから、後世にタイの伝統を伝える意味でも、リゾートをただの箱でなく体験型にデザインしたんだ」

ランナーマーシャルアーツという古武術やハーブ、農家の手仕事など、失われつつあるランナー文化の達人たちが元気なうちに、彼らの技や知恵をゲストや若いホテルスタッフに伝承したことは、とても意義あることでした。伝統的な知恵は、外からのゲストにとっては新鮮で稀少価値を感じるものです。この仕掛けは日本の伝統文化や知恵、職人技術などの継承にも応用できるのではないでしょうか。

その土地ならではの伝統的暮らしが本物のラグジュアリー

「ゲストに古き時代のタイ人になるというテイストを提供している」というダラ・デヴィは、徹底してランナーの伝統、本物感にこだわっています。

「現代的なホテルは20％の伝統と、80％の新しいものを混ぜ合わせているけれど、我々は100％の伝統の姿、昔ながらの姿を保っている。田んぼに水牛がいて、車は走っていない。人々は米を作り、踊り、歌い、音楽を奏でる。蛙が鳴き、水の流れる音がし、仔馬が原っぱを駆ける。これら昔ながらの生活を生き返らせ、体験できる機会を与えたかったんだ」

その筆頭が田植え体験。ゲストが農業を子どもたちに体験させようと、こぞって田植えツアーに参加する姿が印象的でした。長靴をはいた欧米を中心とした都会的で、一見田んぼに見向きもしなさそうな人たちが、家族で夕暮れ時に泥と楽しそうに戯れていました。お米がどう作られているかを初めて実際に見たと語るゲストも少なくなく、スチェットの目指した伝統体験の機会は、確実に新たな層に届いています。

また、クラフトビレッジでは、地元のおばあさんが作るランナー式の竹飾りの編み方や機織り、高床式の生活様式など、農村の暮らしが総合的に体験できます。普段扱わない素材を手にし、細かに手を動かすことも新しい感覚の養成に有用です。私の娘は可愛がってくれた農夫と案山子を作り、コンシェルジュにパッキングしてもらって大事に抱えて帰ったところ、空港の地上係員や普段はしかめっ面の保安官にも笑顔で「上手にできたねー」と褒められ、誇らしげでした。このように伝統体験を楽しい思い出にできるところも、ダラ・デヴィの提供するラグジュアリーな体験です。

リゾートを流れる音楽も、ジムを除いてすべて伝統的な音楽のみ。邸内の植物もマンゴーやバナナなど外来の植物は一切植えず、すべて手入れがしやすい地産の植物です。「アマンやフォーシーズンズなどの6つ星ホテルは、南アフリカ産のヤシなどを植えてラグジュアリーな雰囲気を作っているけど、それらはその土地に属したものではない。我々のは皆地元のこの地の風土に合ったもの。だから安価だし維持費も大きく抑えられるんだ」

食もダラ・デヴィのタイ料理では最高の材料を使用して、伝統的なレシピにのっとって作られています。壁も一度塗装したら塗り直さず、手入れをしながら、古びた風合いを大事にしています。また、敷地内に蛇が出ても捕獲することも保護することもせず、蛇が魚を食べ、そのヘビを蟹が食べるという自然のサイクルのままにしています。

「ラグジュアリーホテルのプロトコルに追随せず、我々独自のよきテイスト、趣味のよさを貫いている。真に、純粋にタイであること、それこそがハイエンド。見せかけだけのハイエンドのために、シャンデリアを飾ったりはしないんだ」

自然やローカルに敬意を持ち、滞在はハイスタンダードに

このように、ダラ・デヴィでは自然やローカルな生活への敬意を持ちつつ、サービスや宿泊のクオリティーはハイスタンダードを保っています。田植え体験の終了後には、冷たいおしぼりが用意されます。田んぼの水で手を濯《すす》げばいいのにと思いますが、泥を手にしたことがない都会の子どもたちでも、抵抗なく気軽に参加できる配慮がなされています。

客室のヴィラは、田んぼに面して建てられた北タイ式の古民家ですが、ベッドには洋式の最高級のマットレスが使われ、部屋の温度も東京のベストシーズンに合わせています。

このように快適に自然文化体験ができる環境を求めるゲストに当初、自然や伝統に敬意を持ち、知識や教養を求めて旅をして、自分を高めたいと思っているグローバルリーダーたちを考えていました。しかし、中にはそのコンセプトを理解できないゲストもいました。「ここは街から最も近く、タイの宗教観を感じる体験ができる場所。だから蛇がいるのも自然なことなんだけど、スノッブなアメリカ人などは、蚊やヤモリがいることにさえクレームをつけるんだ。そういう人たちには、ここは難しいな。我々にとって蟻は蟻、ヤモリはヤモリ。自然を敬い、彼らを殺傷しようとスプレーをかけたりはしない。でも6つ星ホテルは、ゲストの抵抗を恐れて我々のような自然への敬意を容認しないんだ」

またダラ・デヴィではあえてデジタルを拒み、最初の5年間はWi－Fiスポットをレストランと田んぼの近くの2、3ヵ所だけに限っていました。

「タイに来てまで日常生活を引きずってほしくなかったから。わざわざニューヨークから飛んで来て、デバイスにスタックして何の意味がある？　もちろん部屋にも繋げなかったよ」とスチェットは胸を張ります。ところが5年が経過し、旅行会社がWi－Fiを入れなければ送客しないと言ってきました。それでやむなく導入することにしたのです。「もともとが完全にWi－Fiなしのコンセプトだったから、客室のWi－Fiはとても弱い。

それに全体をＷｉ－Ｆｉでカバーするには、このリゾートは広すぎて」と苦笑いします。

まるで身体再生学校のような充実したプログラムが毎日開講

日本のビジネスリーダーからは「何もしないのはかえって難しい。ボーッとすることに、無能感や罪悪感さえ感じる。仕事をしているほうが楽」などと聞きます。そんな方には、ここの体験プログラムへの参加がお勧めです。

運動系では朝のヨガや呼吸法、ランニングに始まり、タイダンス、タイボクシング、ストレッチ、バランスボール、フィットネス・サーキット、さらには陸上競技のようなトレーニングなど。ウェルネスでは、タイハーブやリフレクソロジー、パートナー・マッサージレッスン。文化体験では田植え、ランナーの装飾作り、ランナー建築のレクチャーにお寺の参拝と、カルチャースクール並みのバラエティ豊かな講座が早朝から夕方まで毎日無料で開講し、それぞれの専門の講師が豊富な知識を持って丁寧に指導してくれます。これだけの講座が休みなく開かれているリゾートは他では経験したことがありません。

「我々のアクティビティは、すべてランナーの実際の生活に基づいてプログラム化されていることが特徴だ。早朝の修行僧へのお供えやタイダンス、ボクシングなど、タイの人々

が日々実生活で行っていることをメニューにしている。そして、村の年寄りたちの貴重な知恵や技術を、彼らが先生になってゲストに教えるという形で現代に生かしたいと思ったんだ。だから我々は作り物のアクティビティでなく、タイの本物のローカルな生活をゲストに体験させているという認識でいる」

ゲストは、当日ふらりと開始直前に行っても参加できる仕組みで、新たな挑戦をしてみるのに最適です。ここで習った身体の使い方やハーブへの理解などが、私たちの生活意識を大きく向上させてくれました。もっと深く学びたい場合は、空き時間で有料のプライベートレッスンを受けることができます。私たちはタイボクシング、ランナーマーシャルアーツという古武術をプライベートレッスンでじっくり学び、アーバン・キャビンで提供しているワビ・ヨガ（WabiYoga）などのコンテンツの参考にしています。

アーユルヴェーダ医師が常駐する本格ホリスティックセンター

心身のコンディションを知り、整えたいというゲストには、スパプログラムが充実しています。サンスクリット語で神を意味する「ディーバ・スパ」という名のスパは、インド人のアーユルヴェーダ医師が常駐する本格的なホリスティックセンターです。

「スパは、古代から伝わるアーユルヴェーダ*の知識に基づいた治療を提供したくて作った。心と身体両方のバランスを考えたホリスティックな治療を、より現代的にアレンジして施術している。医師を常駐させているのは、アーユルヴェーダ研究の目的と、ゲストへのコンサルテーション、それにセラピストの技術向上のための指導も兼ねているから」

このホリスティックという観点は、第2章のクロードの新たな取り組みにもあったように、社会のストレス度が増す中、今後ますますニーズが増えるであろう分野です。列島の至るところに温泉が湧き、指圧、鍼治療などさまざまな古《いにしえ》からの治療技術が伝承され、さらには食することが健康に繋がるヘルシーな発酵食の文化を持つ日本。法整備が実現すれば、西洋医療で解決できない本格的な施術ができるホリスティック・リゾートに文化体験を加えた、ハイエンドなデスティネーションを作れるポテンシャルは大きいでしょう。

リゾート内でもひときわ優美なディーバ・スパは、3100平米の広さを誇るミャンマーのマンダレー寺院の復刻。総勢150人の職人の手で、約3年半の年月をかけて丹精

*アーユルヴェーダは、サンスクリット語で生命を意味する「アーユス」と知識・学問・心理にあたる「ヴェーダ」が結合してできた言葉。インド5000年の歴史を誇る伝承医学で、「生命の科学」とも言われる。世界3大伝統医療の1つで、WHO（世界保健機関）が正式に奨励している代替医療でもある。

込めて作られたというだけあって、チークの精巧で優美な彫りが王朝の隆盛を想起させます。ここに身を置くことで美と安らぎに包まれ、心身にエネルギーが満ちるように感じ、空間が与える力を実感します。金や大理石が贅沢に使われていながら、どこか控え目で神聖な雰囲気が漂うさまは、贅を尽くして簡素な田舎家を作るという室町時代から伝わる「市中の山居」にも通じる美意識です。

未来を背負うアジアンリーダーの集う場

初めて家族でダラ・デヴィを訪れた時、子どもたちは下が3歳で、長期の海外旅行がまだまだ大変な年齢でしたが、それが負担なくできたのも「キッズクラブ」のおかげです。キッズクラブでは、優しく上品で教養ある若い先生方が、毎日朝9時から夕方5時まで、ランチ時間を除いてゲストの子どもを無料で預かり、アートや工芸、スポーツに遊びなど、ランナー文化にちなんだ日替わりの質の高いレッスンを行っています。大人のアクティビティ・プログラムと同様、タイダンスやボクシングに加え、タイ語の書き方、唐傘の絵付け、紙漉き体験など、さまざまなタイ文化に触れられます。多様な国の子どもたちが集まって、さながらインターナショナルスクールの様相で、我が家の子どもたちにとっては、国際的な子ども交流へのデビューの機会にもなりました。そこで出会った香港の子どもたちが皆英語に堪能だったのに対し、自分は伝えたいことを伝えられなかったもどかしい経験が、留学して英語を学ぼうと子どもたちが決意するきっかけにもなりました。

「ゲストの85％が家族連れ。だから子どもへの対応は必須。名称はキッズクラブだけど、実際には子どもたちが1、2時間遊ぶクラブではなく、親が自由に過ごせるよう一日子どもを預かり、さまざまな分野の学びを提供する小さな幼稚園という認識で我々は運営している」

多くのリゾートでベビーシッターは有料や外注であることが多く、預かって遊ばせるくらいがせいぜいな中で、大学卒の教育されたホテル自前のスタッフが学びや交流の機会をも与えていることがダラ・デヴィのキッズクラブのハイエンドな価値です。また、子ども同士が仲よくなることで、キッズクラブへの送迎時などに親同士も自然と挨拶を交わし、打ち解けるようになります。それが交友関係に発展して、お互いの国を訪れた時に招き合ったり、子ども同士が留学先で一緒になったり、時にはビジネスの話に発展したりと、ダラ・デヴィのご縁で長いお付き合いになった方が何人もいます。こうした人生を豊かにするよい出会いも、ハイエンドなデスティネーションが提供する長期滞在の価値です。

ゲストの満足度を第一にリゾートをデザイン

ダラ・デヴィを訪れるゲストは、8割がFIT(Free Independent Travelers)と呼ばれる自由に旅する個人客。オープン当初は日本人とドイツ人、アメリカ人が主流でしたが、今は他の多くのリゾート同様中国人が最も多く、その次がタイ人とヨーロッパ人です。

これまでに30回以上訪れているヘビーリピーターも多く、私たちのような10回以上のリピーターが年間300人ほど。ニヒワトゥ同様、ダラ・デヴィもリピーターが友人に勧める口コミで広がっています。単独ホテルで大きなマーケティング予算がかけられないことから、ロイヤリティーの高いゲストの満足度を第一にリゾート運営をデザインしています。

その中で、ゲストの満足度が最も問われる分野が、飲食の質だとスチェットは言います。そのため、ダラ・デヴィでは飲食部門に最も多く投資しています。通常、6つ星ホテルが飲食部門にかける予算は30％程度ですが、ダラ・デヴィはその倍近くの約55％を食材やシステムなど食全般にかけています。

「フレンチのシェフにはフランス人を、中華では香港人がサービスしている。でもほとんどのリゾートではタイ人のシェフを雇っていて、インターナショナルなヘッドシェフが一人いるかどうか。我々は本物を求めるゲストの満足度を第一にデザインしているんだ」

安心、安全もくつろぎの大事な要素です。国内情勢が不安定な時でも、ひとたびリゾートの中に入れば要所に警備がつき、安全が確保されています。特に幼い子どもでも広々とした敷地内を安心して走り回れる環境のよさは、リピーターの満足度を高めています。

「初めて来たゲストは、リゾートの外に一歩も出ない。なぜならダラ・デヴィにはゲストが求めるすべてが提供されているから。美味しい食事、文化、知的刺激、安全な環境など、彼らを一日中魅了できる要素が山ほどある。リゾート内の図書館は多くの文化にフォーカスした本や写真集、ＤＶＤやＣＤを収蔵している。求めればさらに発見が、調べればもっと得るものが来る度にある。奥が深いから」とスチェットは胸を張ります。

ラグジュアリーホテル提携のメリットとデメリット

オープン時から運営はマンダリン・オリエンタルホテルグループに任せてきましたが、「10年がたち、マンダリンとダラ・デヴィはもはや同じビジョンを共有していないと感じた。だから提携を解消し、自分たちで運営することにした」とスチェットは言います。

スチェットは当初のビジョン通り、一貫してダラ・デヴィを他のどこにもない、ユニークでエキゾチックなランナー文化の本場の体験ができる場所として運営する方針を立てていました。しかしマンダリン側は、農村体験が都会のゲストにとってラグジュアリーだということを理解しきれていなかったのでしょう。彼らにとってはリスクを回避することが先決で、両者の方向性には違いが生じていました。

「彼らはリスクが取れない。たとえばゲストのお子様が水牛に乗りたがったら、我々は『どうぞ』と言いたい。ところがマンダリンは『危険だ』という。我々が今あるようなホテルのファンページを作ろうとした時も、マンダリンは批判の温床になることを恐れた。だが彼らと別れてから、ダラ・デヴィのコーヒーショップ前には、オリジナルマカロンを買おうという人々の行列ができ始めた。これはオリジナルマカロンをファンページで宣伝し、10万を超える『いいね！』が付いたからなんだ」

提携の解消にはメリット、デメリットの両方があったとスチェットは振り返ります。

「メリットはより自由に我々の望む方向で運営できたこと。マンダリンの頃はかなりフォーマット化されていたから。デメリットは、大きな組織の後押しがなくなったことだね」

マンダリン時代には、世界のベスト・シェフを招待する機会が年に2、3回はありました。ミシュランスターシェフをリゾートに招き、1、2週間滞在を楽しんでもらう中で、スペシャル・ディナーを2回ほど開催しました。「とてもセレブな香りがするでしょ。実際に大好評だったし、この頃の経営はうまく行っていたよ」とスチェット。

しかし解消後は、そのようなコネクションがなくなりました。「東京からベスト・シェフを招きたくとも、人脈がないんだよ」

また、以前はマンダリンが『コンデナスト』誌などの有名なライターを招聘し、香港を皮切りにシンガポール、バンコク、チェンマイと巡回するプレスツアーを開催していました。「そういう意味で今は広報的には、終わったも同然だね」とスチェットは言います。

スタッフにはフレンドリーに、最高水準の報酬を用意

リゾートに合った優秀な人材を採用できたこともマンダリンの功績でした。

「彼らのブランド力と評判、体系化されたシステムによって、我々はとても質の高いスターティング・メンバーでスタートダッシュを切ることができ、その水準は10年以上維持されている」

温かいホスピタリティで知られるアジアのリゾートですが、ダラ・デヴィのスタッフの温かさは格別です。フロント、ベルボーイに始まり、レストラン・スタッフ、フィットネ

スセンターのインストラクターやハウスキーピングに至るまで、どの部門のスタッフも職務をわきまえつつもまるで親戚のように親身にゲストに接します。そのさじ加減とノーと言わない心からのホスピタリティには、いつも感心させられました。長年通っている間には、体調を崩したり怪我をしたりとハプニングも起こりましたが、その都度スタッフが総出で助けてくれました。ヴィラには専用のバトラーがいて、疲れて到着しても荷解きをしてくれ、帰りもパッキングを手伝い、現地で手に入れた美術品や家具までも丁寧に梱包してくれます。ハウスキーピングの質も高く、自炊の調理後のゴミや洗い物も部屋付きのスタッフが甲斐甲斐しく片付けてくれたおかげで、滞在中の貴重な時間を有効に使うことができます。帰る日は、私たちの滞在を支えてくれたスタッフ一人一人との別れを惜しみながら、挨拶して回るのが毎回の恒例になりました。

質の高いスタッフを抱えるために心がけたのは、フォーシーズンズやザ・リッツ・カールトン、タイ航空などと同水準のベストな水準の報酬を用意することでした。

「それと私は決して上司の顔をしない。スタッフには兄貴や時にはおじいちゃんのように、とてもフレンドリーに接するよ」

そうしたマネージメントの風通しのよさと待遇のよさに質の高いサービス技術がブレン

ドされ、このような気品がありつつもフレンドリーなサービスが確立したのでしょう。

運営の難しさは季節、災害と広すぎる規模

「ダラ・デヴィをタイで一番のホテルにしようと思って12年戦ってきた」というスチェット。『トリップアドバイザー』のタイのベスト・ホテルに3年連続で選出されるなど高評価を受ける一方で、運営面では大きな課題を抱えていました。

「一番大変だったのは、ホテルを〝ショー〟のように運営しつつも、ゲストには〝ショー〟を体験していると感じさせないよう自然に運営することだった。タイダンスにしても、実際の村の生活で行われているような雰囲気でするように」とスチェットは振り返ります。

「季節は最も大きな難題だった。人々は涼しさを求めてここにやって来る。そうなると、販売シーズンは9月から3月、ベストシーズンは4ヵ月で、雨季は難しい。ベストシーズンが限られていることが難点だ。他の街だったらビジネス的にもっと楽だったと思うよ」

また、リゾートの規模を大きくしすぎたことも経営を圧迫しました。さらに立て続けに起きた天災や情勢不安にも悩まされました。

「開業してまもなく赤シャツ派（タクシン派）と黄シャツ派（反タクシン派）の戦いが5

年も続き、バンコクは焼かれ、空港が封鎖されてしまった。２００４年の津波の後には市場の暴落、洪水と立て続けに災難が起きた。観光は大打撃を受け、我々も6、7年連続の損失に見舞われたんだ」。オープン当初は、チェンマイを訪れる観光客の数は今の30％ほどで、一日に２００本を超えるチェンマイ発着のフライトも、当時は10本前後でした。その結果、遂にスチェットは２０１６年にダラ・デヴィを売却する決断をします。

「僕は時代を先取りしすぎたんだね」と笑うスチェット。どんなに素晴らしいデスティネーションでも、交通手段や街づくりなど周辺のロジスティックスと連携して初めてハイエンドトラベルが完成し、持続できるのだということをダラ・デヴィは身を以て語っています。現在はタイの投資家に引き継がれ、以前と変わらぬ運営を続けているそうです。

またスチェットには許容力があり、人間の本質を見極めて人選に当たります。

「人生で最も僕が得意としていることは、才能のある人間をうまく使うこと。僕は人間の能力を信用している。ここを作った若手建築家、ラーチェンのようにね」

ダラ・デヴィを作った建築チームは、大規模プロジェクトにもかかわらず皆若く、最年長が32歳でした。スチェットは彼らを全面的に信頼し、チャンスを与え、彼らもその期待に応えました。今や彼らは皆、タイでは有名な建築家として活躍しています。

「投資家は大きなプロジェクトを始める時、有名な建築家らに頼む。だけど僕は有名かどうかは気にしない。人の力を見極め、信じ、それに賭ける。自分の眼に自信があるから」

スチェット流「成功のための5原則」

どうしたらそれほどの自信を持てるのか。そのための原則を伝授してくれました。

一、待つ

困難や苦難に接したら、ただ静かに座して、忍耐強く待つ。

二、見せかけ、嘘のつき方を知る

腹を空かせたライオンが獲物を待つ時、彼は池のほとりに佇み、水面を見つめながら、まるで腹一杯か怪我をして弱っているかのように見せかける。そうして隙を与え、相手を油断させて、獲物の方から現れるまで静かに待っているだろう?

三、俊敏に決断をする

チャンスでは、ライオンが獲物に飛びつく時のように素早く思い切って決断する。

四、容赦なくベストを尽くす

虎が鹿を食べる時、獲物が妊婦だろうか、子を持つ母親でないだろうかなどとは考えない。なりふり構わず、余計なことを考えず、ただやることに集中するんだ。

五、自分の決断の結果を受け入れなければならない

ライオンは、獲物が手に入れば喜ぶが、逃しても泣きはしない。だから、失敗しても大空を仰いで「神よ、なぜ私をお救いくださらなかったのか」などと泣いてはいけない。ただ振り出しに戻って、再び待つんだ。次なるチャンスがやって来るまで。

このような文化貢献の取り組みは、韓国でも見られました。アメリカでシステムエンジニアとして働く中で、韓屋（韓国の伝統建築）の魅力を再発見したという安永桓も、同じく私財を投じて伝統様式の旅館風ホテル「ラッコゼ」を2003年にソウルに、2009年には世界遺産に指定されている安東市の河回（ハッフェ）村にオープンしました。さらに安は、職人技を伝承するために、大工を養成する専門学校をも開校しました。ここでは、現役の熟練の棟梁が一クラス6人から8人の少人数制で指導に当たり、手業がしっかり身につくことを大切にしています。理論と技を習得した生徒は、実地訓練として現在河回村に建設中のリゾートの建設に携わる仕組みです。

「デジタルの先はなんだろう、と考えた先にアナログがあった。一人当たりのＧＤＰが3万ドルを超えると、ようやく人々に古いものが大事だと考える余裕が出て、伝統や文化に価値を見出す。今後はこれまでのアナログよりワンステージ上のアナログが求められると思う。自然との調和を大切にする韓国文化の美は、中国や日本の美のようにわかりやすくない。だからそこに身を置き、食事をし、寝ることで心で感じさせることが必要だと考えたんだ。誰かがそれをしなければならない。ならば自分が国内の若者たちや世界中の人に韓国の美を感じてもらおうと、夢への挑戦が始まった。だけど、韓屋の建設にはとてつもない時間とコストがかかることがわかった。河回村に今30軒規模のリゾートを作っているけど、これまで8年、完成までにはあと2年はかかる見込みだ。まったく僕はクレイジーなドリーマーだよね」と笑う安も、スチェット同様、自身の夢を具現することで文化の伝承と魅力の再発見に貢献しています。

ホテルはその国や町のゲートウェイ。私たちもダラ・デヴィに泊まってみたくてチェンマイへ行き、それがチェンマイという町を知るきっかけになりました。日本でも、宿泊しながらアートを楽しめるベネッセアートサイト直島ができたことで、それまであまり知られておらず、アクセスも容易でない高松に世界中のアートファンが押し寄せるまでになりました。ハイエンドトラベラーもそのうちの多くを占めています。ここでも島民の暮らしを体験し、交流できることが魅力の一つとなっています。

その地方の暮らしに根付いた文化が豊かな日本は、自分たちの特色、独自性をしっかり洗い出し、選び抜いた魅力を生かして空間やサービスをハイセンスにデザインできれば、ダラ・デヴィのようなハイエンドなデスティネーションを作り上げるポテンシャルが十分あるでしょう。一方で、季節や世界からのアクセスのように集客の足かせとなる要素が、経営にどれほどの影響を与えるかについては、十分に精査しなければなりません。

ダラ・デヴィに学ぶハイエンドな価値の作り方

1 その土地ならではの純粋に伝統的な暮らしを生き返らせ、体験できるようにする
2 文化に根ざした本物で豊富な選択肢のホリスティック体験プログラムを提供する
3 ゲストの満足度を第一にデザインし、特に食にしっかり投資する
4 家族連れが安心し、充実して過ごせる環境やプログラムを用意する
5 スタッフにはベストな水準の報酬を用意し、風通しのよい職場環境を作る

第4章　感覚を刺激しエネルギーレベルを高める

ME
LONDON
THE UPPER
HOUSE

都市の競争力を表す世界都市総合力ランキング（GPCI）は、主要44都市の持つ力を経済、研究・開発、文化・交流、居住、環境、交通・アクセスの6分野で評価、順位づけをしています（2018年は1位からロンドン、ニューヨーク、東京）。これら6分野を包含するものの代表格が、ホテルという装置です。魅力あるホテルの存在は来訪者のみならず、その街の人や企業を惹きつける都市の競争力を高めるには不可欠な存在です。

クラシックなホテルでも、先進的なホテルでも、センスのよさはハイエンドトラベラーを満足させる不可欠な要素です。そして、そのようなホテルではコンシェルジュのアレンジ力が卓越しています。ハイエンドトラベラーと対峙するコンシェルジュは、ゲストの求めることを瞬時に察し、それに最も近い提案をする感性と、効率よく手配するアレンジ力が求められます。客側からすれば、宿泊費が高くても最新の情報が手に入り、レアな体験ができるなら、トラベルデザイナーを雇うより安いものです。たとえば「美味しくてお洒落なレストランを教えてほしい」というような抽象的なゲストのリクエストを受けたコンシェルジュは、出会ったばかりのそのゲストがどういうものを美味しく、お洒落と感じるのかを感覚的に理解する感性と、それに沿ったものを提示できる常にアップデートされた情報収集力が求められます。街の旬のスポットに足を運んで確かめ、しっかりコネクションを作っているコンシェルジュの確かな仕事は、時に秘書を一人雇うくらいの価値をもたらします。

ハイエンドトラベラーの中には、エージェントのアテンドをフルに頼むコンサバ派もいますが、急な出張中に時間が空いた時など、現地に着いてから最新の情報を得たいという要望も多くあります。よって、短時間でゲストを最大限に満足させるコンシェルジュの存在は、そのホテルが提供するサービスの大きな売りになります。

こうした情報提供が、旅行サービス以外でも行われていることに驚かされたことがありました。パリ滞在中、あるファッションブランドの本店に入った時のことです。手の空いていた会計スタッフに何の気なしにランチのお勧めを聞いたところ、引き出しの中から150件近くに上る独自に作成されたとみられるエリア別レストラン・リストが出てきました。そこには美術館やイベントなどの情報も揃っていました。スタッフの誰が聞かれても個人の好みでなく、そのブランドの認めるしっかりとした提案ができるよう準備されていたのでしょう。買い物のみで完結せず、求めていた食体験や美術展まで紹介してもらえたことで、その後の時間は予定よりずっと充実したものとなりました。このようにショッピングと食、アートイベントなど、街の魅力を司るピースを取りまとめて必要に応じてゲストに提供するという、滞在を何倍も魅力的にする役割を、ホテルのコンシェルジュのみならず、都市全体で担っていくことが、その街の価値を高めるのです。

この章では、情報収集とマーケティング戦略、そしてクリエイティブなサービスの構築が巧みな東西の二つのラグジュアリーホテルを中心に、ゲストのエネルギーを高める取り組みと戦略を見ていきましょう。世界には、目を見張るような素敵でゴージャスなホテルやリゾートが数えきれないほど存在します。しかし、本書で提起しているように、ハイエンドは単に高額であることでなく、自分を高める時間の提供です。都市の競争力が国の力を決める時代にあっては、それぞれの施設が持つ力やポテンシャルを高めることが、相乗して都市の価値を高め、世界の優秀な人材を引き寄せ、未来を創り出していくのです。

1 ミー・ロンドン（ME London）――ロンドン

ミー・ロンドンは、テムズ川が流れ、ロイヤルオペラハウス、サマセット・ハウスを始めとしたシアターが立ち並び、カルチャーシーンの活気に沸くウエストエンド、コベントガーデンにあります。ミュージックを中心に、アート、ファッション、デザイン、食を楽しむ最先端のライフスタイルを、ホテルという「箱」を使って表現しているスペインのメリア（Melia）・ホテルズ・インターナショナル・グループのラグジュアリー・ライフスタイルホテルで、ＭＥはその中の最上級ブランドです。イビザ、マドリード、ミラノ、マイアミなどに8つのＭＥホテルがあり、すべての屋上にルーフトップバーがあるのが特徴です。

2012年のオープン以来、ミー・ロンドンはファッション・コンシャスなゲストやグローバルリーダーを魅了し、屋上のレディオ・ルーフトップバーは、ロンドン社交の中心的存在になっています。

建物に足を踏み入れると、1階は静かな落ち着いたラウンジでレセプションもなく、「ここがホテル?」と一瞬とまどいます。ロビー階に上がると一転して開放的になり、吹き抜けの高い壁を光の滝が流れ、光のミュージアムのようです。そこにすっとシャンパンやノンアルコールカクテルのウェルカムドリンクが差し出され、レセプションへと導かれます。チェックインに来たのに、パーティーに招かれたかのように気分が高まります。

ゲストルームは広々としていて、照明や音楽、空調がテレビスクリーンで調節でき、お風呂や寝室などすべての部屋にスピーカーが設置され、どの部屋にいてもお気に入りの音楽が聴けるなど、最新のテクノロジーが取り入れられています。

ロビーでは毎晩8時（冬は7時）に、プロジェクションマッピングショーが開催されます。ＤＪが入り、5分間の光とミュージックのシンクロニゼーションが展開される中、ドリンクがサーブされ、ゲストはカクテルタイムを楽しめます。期間限定のイベントやフェアを開催することはホテル業界によくあることですが、このように毎日カクテルタイムが開かれるホテルは非常にユニークです。

この感度の高いおしゃれなホテルを、ファッショニスタや余暇を楽しむトラベラーだけでなく、多くのビジネスリーダーが出張で使っているというのです。中でもアップル社がヘビーリピーターで、そのほかエアバス、ベルギーのホールディングスカンパニーGBLなど、大企業のCEOや役員がミー・ロンドンを定宿に選んでいます。

「定期的に、月に3、4回も宿泊するコーポレートゲストがいるよ。これらの実業家や著名人は、我々の型破りなデザインを気に入って選んでくれているようだ」とGM（総支配人）のサウラブ・ティワリは言います。コーポレートゲストの一日は予定が詰まっていて、ホテルで過ごす時間は限られますが、ステーキハウス「STK」でのディナーや、バーやルーフトップでのドリンク、ビジネスセンターでスイーツをつまむなど、つかの間のリラックスした時間を楽しんでいます。「レストランもリピート客がとても多く、ルーフトップ・バーやSTKを週2回以上訪れるゲストが、全体の2割もいるんだ」とサウラブ。日々仕事に忙しいビジネスリーダーだからこそ、MEのようなオシャレで感度の高いホテルを宿泊先に選び、最先端のカルチャーに触れてインスピレーションを得ているのでしょう。

社交のジャングルにおけるネットワーキングの場

ミー・ロンドンのレストランやバーは、アップビートな音楽とデザイン、活気溢れる雰囲気を楽しみに足を運ぶ地元の人でも賑わっています。

「ロンドンは、リンクトインやフェイスブックなどのソーシャルメディアで繋がっているグローバルビジネスマンの社交の先端でもあるね。その中でレディオ・ルーフトップ（屋上のレストラン・バー）は、人と人が出会ってよい時間を共に過ごす、ネットワーキングの場なんだ」とサウラブ。

土曜の夜のルーフトップは、ディナーの前のカクテルや、観劇やディナー後の一杯を楽しむ人たちで大賑わいです。その後ナイトクラブに流れていく人たちも多いのですが、ルーフトップはカルチャーとしての音楽を楽しみながら、よい時間を過ごすエンターテインメントの場で、

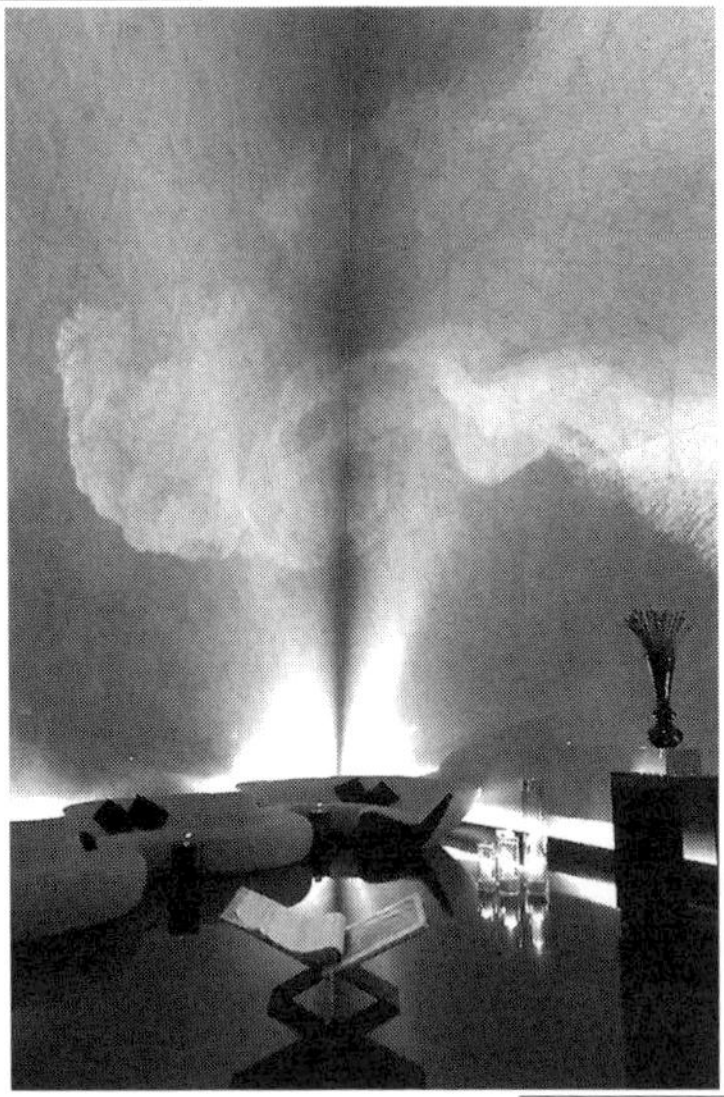

□ミー・ロンドンのロビー

□ミー・ロンドンの新婚ゲスト用のルーム

酔っ払って大騒ぎするナイトクラブとは一線を画しています。

「ミュージックはMEの重要な要素の一つだけど、他にも読書を楽しんだり、アートに触れたりというくつろぎの時間を我々は提供したい。だから、このホテルをパーティーピープルの溜まり場にはしたくないんだ。ミレニアル世代は、我々のビジネスにとっても重要な顧客層で歓迎しているけれど、そういうミュージックのカルチャー的な位置付けをわかってくれる方たちにいらして欲しいね」

このようなミー・ロンドンの華やいだホスピタリティを支えるのが、「オーラ」というユニークなサービス制度です。

ホテルの価値を高める「オーラ」というパーソナルサービス

チェックイン後のゲストをお部屋に案内するのは、「オーラ」というMEホテル独自のパーソナルなサービス。オーラチームのスタッフは、ホテル内だけでなく、ロンドンの街で今何が起きているのかを知り尽くしていて、音楽、劇など、カルチャーシーンにも精通する「百科事典のような存在」だとサウラブは言います。

ゲストの到着に先立って、オーラはゲストの好きなもの、こと、テイスト、ロンドンで何をしたいかなどのニーズを収集します。チェックイン後はホテルを案内しながら、ゲストの要望や予定に合わせてパーソナルなサービスを提供します。チケットの手配やレストランの予約などのコンシェルジュ機能に留まらず、「最近オープンしたペルーレストランをご存じですか?」「メイフェアの新しいホテルのバーはいかがですか?」などと、ゲストの反応を見ながら最新情報を提供しています。

「オーラはＭＥブランドのとても大切で中心的な位置付けで、我々を他の競合と差別化するユニークな部分だ。ゲストルームのドアを開けると、洗面鏡にあらかじめオーラスタッフが書いたミラーメッセージがゲストを迎える。これには多くのゲストが喜んでくれるよ」とサウラブは言います。

また、オーラはホテルのクリエイティブディレクターとしてインテリアの配置、音楽やデイシーンからナイトシーンへの「陰陽のバランス」の調整など、ホテル全体の雰囲気に目を配っています。また、展覧会やアートショー、ファッションショーなどのホテル内のカルチャー・アクティビティの企画推進にも当たっています。

□ミー・ロンドンのミラーメッセージ

「オーラマネージャーは、ホテル全体のオーラを統括でき、アンビエンスを表現したり、空間セットアップのリーダーとなる、MEの究極のブランド・アンバサダーだ。そしてブランドの水準を保ちながらも、常にイノベーティブに新しいアイディアや実行手段を提案し続けるクリエイティブの頭で、ライフスタイル・マネージャーでもある」

　どのような人材がこれらすべてを「統括」できるのかとサウラブに尋ねると、「一人一人のゲストと接する時を特別なものにするための、情熱的でエネルギッシュで、人としての温かさを兼ね備えたタレントが必要だ。MEブランドの柱であるデザイン、ファッション、ミュージック、アートに興味を持っていることが前提」と力を込めます。

　通常ホテルでは、GMの下に宿泊、飲食、宴会、ゲストリレーションなどの部門別の長がいるのですが、MEホテルでは自分たちが提供したいもの、ゲストが求めることを実現するためには組織はどうあるべきかという観点に立って、部門を横断した柔軟なポジションを作っています。このような柔軟な組織づくりによって、ゲストの感覚を刺激するアートなサービスを提供できるのです。先進的な取り組みをするために、既存の価値観にとらわれない創造的なマネージメントができているのがＭＥの独自性です。

ミュージックはホテルのＤＮＡ

ミュージックはＭＥホテルのＤＮＡであり、主役です。ゲストルームの扉を開けると耳に入ってくるのが、グルービーなラウンジミュージック。

「ミュージックはカルチャーのとても大切な部分。ミュージックには言葉がいらないし、ミュージックを好きでない人はいないから。僕らはクラシックホテルと違って、アップビートなミュージックをステージの中心に上げている。本社には、ホテル内で流すミュージックを選ぶための大きな部署があり、それぞれのホテルに合わせたミュージックをエキスパートたちがエネルギーを投じて選んでいる。我々は静かなロビーでなくアップビートでカルチャー的な、パーティーっぽい雰囲気を出したいと思っているんだ」

ＭＥブランドでは、ゲストと繋がり、素晴らしいアンビエンスを作り上げることのできる個性豊かなＤＪも、それぞれのホテルが独自に選んでいます。スタート当初は、ロンドン生まれのエイプリル・モルガンがオリジナルミュージックを担当し、彼女のスタイリッシュなハウスミュージックと洗練された声が、MEブランドのイメージを作り上げました。ここ数年は、〝4AM〟という国際的なDJ集団とコラボレートしたり、オフィシャル・ミュージックサプライヤーに指定しているXENOXの専門チームが、一日の時間の移り変わりや平日、週末それぞれのムードに合わせたプレイリストを作ったりしています。ゲストの中には、これらのミュージックを持ち帰りたいという要望も多く、MEFMという音楽チャンネルでロンドン、マジョルカ、マドリード、イビザ、ミラノ、マイアミ、カボ、カンクーンで使われているミュージック［*］を流しています。

アート、ファッションイベントも盛んなアクティブホテル

アート、デザイン、ファッションもMEホテルの大事な切り口です。ミー・ロンドンではロビーを中心に、年間12～15のイベントを企画しています。中でも最も規模の大きなイベントが、2月に開かれるロンドン・ファッションウィーク。この時期は、デザイナーたちがミー・ロンドンに宿泊し、ファッションショー用の専用スペースが設置されます。そしてホテルロビーと、通りをはさんだ対面にある、ファッションショーのメイン会場であるサマセット・ハウスを仮設のランウェイで結んでショーが開かれます。

＊ https://www.mebymelia.com/creator/

「ミー・ロンドンはミュージック、アート、デザインに造詣が深く、ラグジュアリーを理解し、読書を愛し、ワークライフバランスが取れていて、仕事の後に美味しいコーヒー、カクテルなどを楽しめる文化的で、ソーシャルシーンで活発な、ラグジュアリー・マーケットに精通した人々に対し、ライフスタイルを提供している」とサウラブは自負しています。物知りでセンスがよく、人生の楽しみ方を知っている世界中のこの層に認知してもらうためのマーケティング戦略は、専門家との連動のもとで行われています。

専門のハイエンド・マーケターと綿密に連携

ミー・ロンドンでは、インド、オーストラリア、中国など、それぞれのエリアに特化したハイエンド・マーケターと提携しています。また、エリア別の企業、旅行会社、地域の観光資源の活用を促進するＤＭＣ（デスティネーション・マネージング・カンパニー）ともセールスの提携をしています。

「ポジショニングを確立するためには、マーケティングがとても重要。ターゲット層を専門とするメディア会社や、ＰＲ会社と組むことが不可欠だ。そして、優秀なマーケターは、ターゲットに合ったメディアの選定や、どういうホテルと認知されるかのポジショニングをしっかりやってくれる」とサウラブは言います。

たとえば、ミー・ロンドンは主流の新聞や雑誌でなく、『Purple Fashion』などスタイルのある雑誌と組んで高感度のゲストに向けたPRに注力しています。またオンラインでは、インフルエンサーを使ったプログラムを取り入れています。提携しているマーケティング・エージェントが選んだ適切なインフルエンサーをミー・ロンドンに招待し、滞在の感想をブログに書いたりインスタグラム等で投稿してもらうという仕組みです。

そうしたマーケティング戦略もさることながら、サービスの質やオーラのあり方など、提供する商品そのものをハイエンドにしっかり対応させることで、正しい位置付けを確立させることが重要だとサウラブは指摘します。「ハイエンドなゲストの目は厳しく、何か一つでも気に入らないサービスがあれば、彼らは二度と戻って来ない。ハイエンドをターゲットにするには、複数の取り組みのコンビネーションが綿密に行われることが必要だ」

目の肥えたハイエンドゲストの御眼鏡にかなえば、彼らはその体験を友人知人に伝え、それは最強のPRになります。これまで取り上げてきたどのデスティネーションも言っているように、口コミが良質のゲストに伝わる最も確かな手段で、特にハイエンドトラベルにおいては、誰の紹介かが何より大事だということを改めて認識することが必要です。

ゲストをより高いエネルギーレベルに上げる抜かりなき情報収集

ゲストのニーズに常に応えるために、ミー・ロンドンでは毎朝、ＧＭと営業とＰＲマネージャー、そしてＰＲ会社とでミーティングをし、ゲストや最新トレンドについて情報交換をしています。そのベースになっているのが緻密な情報収集。ＶＩＰやスイートルームのゲスト、スペシャルリクエストのゲストが到着する前々日には、彼らの情報を集めた「ME for You」というレポートが作成されます。これにコンシェルジュや他のスタッフの情報を加えた「Energise ME」というレポートがホテル全体に配布されます。その日に開かれるコンサートや、新しい店のオープニング、それにファッションウィークやデザインウィークのイベント情報など、ロンドンで起きているすべてのことがわかるようになっているものです。レポートのネーミングもとてもお洒落です。

「我々は、ゲストをより高いエネルギーレベルに上げるための情報収集に抜かりがないんだ。このレポートを見れば、すべてのスタッフがオペレーション上何が起きているかがわかり、効果的に社内コミュニケーションが取れる」とサウラブは言います。

また、パルマ・デ・マジョルカの本社内には「ブランドの核心とトレンド」というプロジェクトチームが存在し、世界中のすべての大陸からの最新トレンド情報を集めた月2回のレポートをグループ内のホテルに配布しています。それ以外にも、面白い出来事や新しいオープニング情報などにハイライトした社内報が作成されています。

「僕自身は金融・流通業界から3つ、ファッションや流行について4つのニュースレターから各業界のトレンドを収集し、自身の情報を常にアップデートするよう心がけているよ」とサウラブ。トップから担当レベルまでそれぞれが、高いモチベーションを維持しながら継続的かつ重層的に情報収集に努め、それをすべてのスタッフで日々共有するシステムが確立していることには敬意の念を抱きます。

有望な才能ある人材を大切に育てたい

MEホテルでは、社会貢献の取り組みとしてCSR部門が活発に活動していて、主にユニセフとさまざまな取り組みをしています。特に「プリンセス・トラスト」という恵まれない子どもたちの教育を支援する団体に協力しており、トラストが支援する若者にホテルで働く機会を与えたり、共同でイベントを行っています。

入社1、2年目のスタッフには、英語とスペイン語の語学研修を用意し、イギリス政府が運営するＮＶＱ（全国職業資格、National Vocational Qualifications）という管理職研修の機会もスタッフには与えられます。ＮＶＱは、講師がホテルに派遣され、受講者にマンツーマンのトレーニングを施す研修プログラムで、終了後には資格が与えられます。受講者自らがコースを選択でき、タスクや課題への取り組みを通してホスピタリティのノウハウを得、学びを深めることができるというメリットの大きい仕組みです。

「我が社は、将来有望な才能ある人材を大切に育てたい。僕自身この会社で12年目になるけど、これまで数多くの研修の機会を与えられてきた。会社がコーネル大学と提携していて、中堅マネージャーは複数のコースを受講できる。僕は収益マネージメント、ホスピタリティ・マネージメント、財務のコースなど、合わせれば決して安くない投資をしてもらったことにとても感謝している」とサウラブは言います。

そのような中、ホスピタリティの世界で本腰を入れて活躍したいという有望な人材の確保には苦戦をしています。

「才能ある若者がホスピタリティの世界に入ってくるのは、転職の合間や、高等教育を受けるための学費稼ぎ、あるいは将来弁護士を志すようなティーンエイジャーのいっときの社会勉強などだ。本腰を入れてグローバルなホスピタリティ界のリーダーを志す若者を獲得するのが難しい。この業界の給与水準は、金融やＩＴビジネスにはかなわないから」

採用方針にはＭＥの独自性が表れており、「情熱的でエネルギッシュで前向き、温かみのあるアートやミュージックに興味のある才能」を掲げています。対して日本国内の一流ホテルの採用ページを見てみると、ゲストの感度を上げるサービスが提供できる人材を求めているというメッセージは微塵も感じられません。銀行や役所の人員を募集しているような組織に縛られた募集の仕方で、はたして多様なゲストに対するクリエイティブなサービスが実現できるのか、懐疑的になります。

また、ウェブサイトにもＭＥのおしゃれなテイストが現れています。

たとえばステーキハウスの紹介では――

「Dress to impress：you never know who's watching.（素敵にドレスアップして来て。誰が見ているかわからないから）」

ルーフトップバーは――

「Kiss the clouds at Radio Rooftop Bar.（レディオ・ルーフトップバーで雲にキスして）」

など、小粋で誘惑的な仕掛けがゲストのテンションを上げ、ワクワク感を高めています。

このようなクリエイティブで遊び心がある雰囲気が、ファッショニスタのみならず、型破りなデザインを求めるCEOやマネージメントトレベルのトップエグゼクティブにも支持されているところが、日本にはない洗練です。国内の都市的なホテルが、このような感度の高いゲストを魅了する独自のセンスを組織としてどう作り上げるかということも、日本の都市が国際的な競争力をつけるカギの一つだと感じずにいられません。

2 ジ・アッパー・ハウス（The Upper House）――香港

アートの本場といえば、ヴェネツィア・ビエンナーレとドイツのドクメンタ、スイスのアート・バーゼルが有名です。そのアート・バーゼルがアジアに進出し、もともとあった香港のアートフェアがこれに変わったのが2013年。以来年に一度、世界中からアート・ラバーが香港の街に集結します。それに合わせ、ニューヨークのガゴシアンやロンドンのホワイトキューブなど、世界トップクラスの現代美術ギャラリーが次々にオープンし、香港は東京を凌駕するアジアのコンテンポラリーアートの中心としての地位を確立しました。

フェアの期間中は、アートギャラリーの他にもファッションやお酒、車や時計などのラグジュアリーブランドがイベントやパーティーを開催し、街は連日華やぎに包まれます。2018年は、5日間で過去最高の8万人超がフェアに来場、売り上げは3500万ドル、およそ39億円に上っています。

このようにアート・バーゼルが成功を収められたのは、国際的で伝統あるラグジュアリーホテルライフが成熟している香港という街の、トラベル・シーンにおける競争力がベースにあるからです。他にもアンティーク、ジュエリーなどの大きなフェアやオークションが毎年開かれ、香港はフェアを訪ねるデスティネーションとしての価値も提供しています。

香港には、香港島のマンダリン・オリエンタルホテル、九龍側のペニンシュラという老舗の双璧を筆頭に、リッツ・カールトン、フォーシーズンズなどのラグジュアリーホテルがひしめき合い、ファンシーなブティックホテルも続々オープンしています。そのような中、２００９年に香港島のパシフィック・プレイスに「ジ・アッパー・ハウス（The Upper House）」がオープン。都会の隠れ家を好む、ミュージシャンやデザイナーなどのクリエイターを始め、イギリスのトニー・ブレア前首相など、感性の鋭い政治家やビジネスエグゼクティブたちが、このアッパー・ハウスを滞在先に選んでいます。

アッパー・ハウスは、航空会社、不動産業、商社など、４つの業態を持ち、創業１５０年の歴史を持つスワイヤー・グループが経営するブティックホテル。北京に２００８年にオープンした隈研吾氏のデザインによるジ・オポジット・ハウスに続き、翌２００９年にオープンしました。アンドレ・フーのミニマルなデザインによる静謐な空気が漂い、エントランスは日本の神社の参道をイメージして作られ、ホテルというよりモダン旅館のような雰囲気が漂います。もともとサービス・アパートメントだったこともあり、ゲストルームは通常のホテルの倍近くある広々とした空間で、最上階にはペントハウスもあります。49階の眺望を楽しめるバーラウンジ「カフェ・グレイ・バー（Café Gray Bar）」は、14メートルのロングカウンターがバーの中心を走り、平日の昼間からエグゼクティブやクリエイターの社交の基地として活気に溢れています。

その街独特の社交シーンに触れる

ミー・ロンドンのルーフトップ同様、レストランの「カフェ・グレイ・デラックス（Café Gray Deluxe)」はホテルの最上階に位置し、香港の社交の中心の一つとして賑わっています。ニューヨークで人気のスターシェフ、グレイ・クンツ監修のシグニチャーレストランで、オーガニック素材にこだわった独創的なインターナショナル・キュイジーヌです。

客層は、ミュージシャン風のグループからマダムたち、忙しそうにPCに向かう若手起業家風の男性、赤ちゃん連れの若い家族、それに企業の重鎮など、目的も年齢層もさまざまな人種のミックスです。おしゃれなブティックホテルにもかかわらず、昼間からビジネスマンがバーで待ち合わせをしていたり、ランチをしながら談笑している姿が多く見られ、香港ならではのグローバルな雰囲気に満ちています。周囲にオフィスビルが立ち並ぶ立地ゆえ、エグゼクティブがランチやミーティングタイムを求めてアッパー・ハウスを訪れ、常連として定着しているのです。週末には、これらのエグゼクティブたちがブランチをしに今度は家族や友人らと訪れます。その友人たちがまた別の友人とビジネスランチに訪れるという具合に類は友を呼び、口コミ的に常連客が広がっていきました。

宿泊ゲストは、デザイナーをはじめとするファッション関係者、クリエイター、ミュージシャン、建築家、投資家、政治家、弁護士、それに起業家など。アートフェアやジュエリーフェアの開催期間には、ホテルは完全に満室になります。

「我々のホテルにいないのは、他のホテルに多く見られる典型的な企業マンや銀行マン。ゲストは若年層が多いけど、アッパー・ハウスに他と違う滞在を求めてくる旅慣れた年輩客も一定数いる。トラベル市場で、このようにいい感じのゲストミックスで成功できていることを、とても嬉しく思っているよ」とＧＭのマルセル・トーマは言います。

国籍は中国人とアメリカ人がそれぞれ3分の1を、残りの多くをドイツ、スイス、イギリスなどのヨーロッパ人が占め、韓国や日本、オーストラリア人のゲストも増えています。「中には一国のマーケットに偏ったホテルもあるけど、国籍的にもうちはいい感じのミックスだよ」とマルセル。どのようなゲストが足を運ぶかは、そのホテルの景色を左右します。ミー・ロンドン同様、その街の今が感じられる社交シーンを持つことは、国内外のゲストを魅了する強い競争力になります。

ファッションやデザインなどのラグジュアリーブランドとのコラボレーションが盛んに行われているのも、アッパー・ハウスならではの特徴です。スカイラウンジという49階のサロンスペースでは、デザイナーやクリエイターなどをスピーカーに招いたトークショーが開かれています。これまでに、ホテルの内装を担当した建築家のアンドレ・フーを始め、靴デザイナーのクリスチャン・ルブタン、家具デザイナーのトム・ディクソン、ファッションデザイナーのフィリップ・リム、時計ブランド「オーデマ・ピゲ」のチーフエグゼクティブらが講演や作品の展示を行いました。これらのショーには常連客や宿泊客が招かれ、くつろいだ雰囲気の中で、スピーカーの創造性や人生観に触れることができます。

このように、ゲストのライフスタイルにインスピレーションを与える特別体験を提供しているのが、アッパー・ハウスのハイエンドな特色で、高感度のファンを獲得することに大きく貢献しています。

クリエイティブで楽しいギフトを常に思案

ミー・ロンドンと同様に、アッパー・ハウスでもゲストの到着に先立って、プロフィールや趣味嗜好を調べています。

「ゲストがどこから来て、何を好み、嫌い、どこに行きたいか、なぜ香港に来たのか、そしてどのように話しかけられたいと思っているか、どんな時に話しかけられたくないと思っているかを感じ取りながら相手を知ることは、とても大事なことだし、楽しい。これを我々は日々行っている」とマルセルは言います。特にアッパー・ハウスのスタッフは、積極的にゲストとSNSで繋がっており、「それがゲスト情報を収集し、理解する手段をすっかり変えてくれた」とマルセルは言います。

このようなゲストとのコミュニケーションで得た感触や情報を生かして、アッパー・ハウスでは常時何種類ものホテル特製のギフトを用意しています。それらの中から、ゲストのテイストに合ったものを選び、到着前に部屋に用意します。その記録を残してリピートゲストは同じ品を受け取ることがないよう配慮するなど、入念な気遣いがされています。

フルーツやワイン、チョコレートなどが部屋に用意されていることは珍しくはありませんが、アッパー・ハウスのスペシャルギフトは、その域を超えた本格的なプレゼント。私がうかがった時は、スタイリッシュな大判のハンドバッグにお香、そしてキャンドルなど、誕生日プレゼントのような品々がリビングのテーブルにリボンがかけられて置かれていて、主人からのサプライズ・プレゼントかと誤解したものです。

「これらのギフトアイテムは、マンネリ化したくないから頻繁に更新される。入り口の〝鳥居トンネル〟で焚いているお香の香りが好きというゲストが多かったので、その香りで作ったルームスプレーやキャンドルが定番のギフトになっている。あなたの部屋にあったバッグも人気で、ゲストが持ち歩いてくれるのでホテルの宣伝にもなっているよ」

本社では、各ホテルのギフトがブランドのガイドラインに沿っているかチェックをしていますが、ギフトの選択はそれぞれのホテルに任されています。また企画には、企画部門以外のスタッフも積極的に参画しています。最近では、リピートゲストの多くが子どもを持ち始めたため、アッパー・ハウスのロゴに「ホテリエ」と書かれたベビー服を作ったところ、とても喜ばれたということでした。

「既成概念にとらわれずに、クリエイティブで楽しいギフトを思いつくようにしたいんだ。基本的にはディレクターやGMがアイディア出しをするけど、中にはハウスキーピングや、人事部のスタッフから名案が出ることもあるよ」とマルセルは言います。

このように、ゲストとのコミュニケーションから得たインスピレーションをオリジナル商品の開発に生かし、プレゼントすることで、ゲストのロイヤリティーを高めていくという仕掛けが巧みです。さらに、上層部だけでなく、ホテル内のすべてのポジションのスタッフがギフトの企画を積極的に行っているというチームワークと風通しのよさが、ゲストが喜ぶ商品の提供にも力を発揮するという相乗効果をもたらしています。

We are different! がアッパー・ハウスの信条

アッパー・ハウスは、これまで一度の取材を除き、一切広告を出していません。当初は、アッパー・ハウスはオポジット・ハウスやテンプル・ハウスと同じグループだと知ってやって来たゲストが、友人たちに伝えるなどして口コミだけで広がってきました。

「だいたいオープン当時はカフェ・グレイ・デラックスのほうが、ホテルそのものよりずっと有名だった。アメリカ人にニューヨークのカフェ・グレイはよく知られていたからね」とマルセルは笑います。

また、アッパー・ハウスの提供しているサービスは、他の大型ホテルとまったく違うものだとマルセルは強調します。

「たとえば我々は、決して自分たちのことをベスト5つ星ホテルや、最もラグジュアリーなホテルなどとは呼ばない。かわりに、〝我々は他と違う（We are different!）〟と言っている。それが面白い人たちに刺さったんだ。彼らは自分は他人と違うと思っているから」

オープン当初から、お洒落なグループのパーティーなどにカフェ・グレイが使われ、香港での社交の定番の場所になりました。２０１３年にアート・バーゼルが始まると、アートファンたちの間でアッパー・ハウスに泊まっていることを話題にする人たちが出てきました。そうして話題に上れば上るほど人が集まり、同じ頃に韓国のセレブたちがアッパー・ハウスを見つけました。また、２０１３～２０１４年は、ちょうどソーシャルメディアが影響力を持ち始めた頃で、セレブやラグジュアリートラベラーがアッパー・ハウスに滞在した様子や、ギフトのバッグを空港で持ち歩く姿を投稿したり、トニー・ブレアが泊まったりしたことがＳＮＳで広まり、人々の注目を浴びました。

「ソーシャルメディアによる拡散は、面白いことに〝我々はベストホテルです〟などと豪語するよりずっと効果的だった」とマルセルは振り返ります。

インフルエンサーとクリエイティブに連動するマーケティング戦略

アッパー・ハウスは規模が大きくないため、大きなPRエージェントを使えず、ソーシャルメディアは自前で管理しています。これまで、ゲストのインスタグラムやウィーチャット、特に影響力のあるゲストの投稿が口コミの原動力になってきました。

その中で注目すべきなのが「テイク・オーバー（Take Over）」というシステムです。これは建築、デザイン、ファッションなど、その分野のインフルエンサーがアッパー・ハウスに滞在中に、ホテルのインスタグラムのアカウントで彼らの体験をシェアしてもらうというものです。それにより、彼らのフォロワーなど新たな層にリーチできます。これらのインフルエンサーとクリエイティブに仕事することが、アッパー・ハウスのマーケティング戦略です。

また、アッパー・ハウスでは、他のホテルのように母の日やクリスマスなど個別の機会を祝うかわりに、ラグジュアリーブランドやデザイナーブランドなどとのコラボレーションに力を入れています。コラボしているブランドのギフトやショップでの買い物券をゲストルームに入れたり、アフタヌーンティーでもコラボブランドのギフトを添えたりしています。

「最近では他のホテルもやるようになってきたけど、これらをいち早く始めたのが我々だ。特に香港ではね。僕自身がファッションやデザイン業界との繋がりが強く、オープン当初から我々のホテルは斬新なことやクリエイティブなことを好み、その世界へのコネクションを持っていた。〝Less is More（より少ないことは、より豊かなこと）〟を哲学に、他と違うやり方をしていることが、我々が多くのファッション業界のブランドと通じ合い、コラボする魅力を感じてもらっている理由だと思う」とマルセルは言います。

アッパー・ハウスのスタッフは、どの部門でもこのようなコラボレーションやゲストサービスの企画にとても前向きに参画しています。200人の従業員の中から選ばれた各部門の代表14人が、日々活発にコミュニケーションを取り合っています。時には、家具デザインのブランドと繋がりがある飲食部門のスタッフから提案が上がるなど、ポジションに限らずクリエイティブに発想する土壌ができています。

「スタッフ全員がまるで家族のようで、皆がそれぞれアイディアやコネクションを持ち寄る。このようなレベルのサービスが実現すると、スタッフ間の垣根を取り払うことができるんだ」とマルセル。

アッパー・ハウスではフロントデスクとコンシェルジュを統合し、ゲストエクスペリエンス・チームとすることで、ゲストの到着に先立ってゲストの好みや香港での予定、次の目的地などをあらかじめ共有できるようになっています。

「サービスはラグジュアリーのとても大きな要素。特に初めてのゲストには、宿泊に当たってお祝い事、アレルギーの有無などを聞いて到着時に関係を構築し、できるだけゲストを理解するようにしている」

確かにアッパー・ハウスでは、誰がレセプショニストでドアマンでコンシェルジュなのか境がよくわかりません。そのかわりに、その場にいる誰もがゲストに目を配り、できることは何でもしようという姿勢がうかがえ、一方のゲストのほうには相手のポジションを考えずに依頼ができるという気持ちよさがあります。これはオペレーション上も効率がよく、スマートなスタッフの配置の仕方と言えるでしょう。

失敗を褒める企業文化に若手スタッフが共鳴

このようなサービスを展開するために、アッパー・ハウスは「情熱があり、自分のスタイルを持ち、クリエイティブで自発的な人を採用したい」という採用哲学を持っています。

「一般的にアジアの文化では、失敗を恐れ、主体的に考えずにボスの指示に従順でいるという勤務姿勢が根強い。でも我々の会社では失敗をむしろ褒めている。人は誰しもが間違いを起こす。失敗したらマネージャーは『これじゃダメだ。これを守らなかったからいけないんだ』などと批難するかわりに、共に失敗の原因について話し合い、改善を試みる。その風潮に若いスタッフが共鳴しているんだ」

スタッフの平均年齢はとても若く、30歳前後が大多数を占めます。40歳を過ぎたＧＭのマルセルが最年長。採用はＧＭと人事部が担当し、キャリアフェアなどの機会を積極的に捉えているほか、ＧＭ自身が卒業生でもあるスイスのホテルスクール（ＥＨＬ）からも多くのインターンを受け入れています。また、社員のワークライフバランスを大切にし、スタッフが自分らしくいられ、自己表現の自由があることをアッパー・ハウスは尊重しています。「最近の若者たちは、そういった雰囲気に魅力を感じているようだ。基本的な体制には従いつつ、同時に自分らしさも大切にするという、いわば東洋と西洋の融合だね」とマルセルは言います。このような雰囲気づくりが功を奏してか、アッパー・ハウスの年間離職率は20％と、この業界の平均より低くなっています。

生き残りの道は複雑化した価値観に応える柔軟なサービス

一方で、課題もあります。特に難しいのはゲストとの距離感だとマルセルは言います。

「親しみを込めたサービスと、ゲストとの距離感を保つことのバランスはとても難しい。我々のグループでは、それぞれのホテルが独自の運営をしているので、北京では親しみを込めてゲストを名前で呼んでいるが、私はそれが適切だとは思わない。私が育ったドイツ系の文化では、相手をいきなり名前で呼ぶのは最も失礼なマナーの一つだ。親しくなったり、先方から名前で呼ぶよう求められない限りそんなことはしないよ。だから香港では苗字でお呼びしている。とはいえ、以前は皆が『○○様、こんにちは』と丁寧な姿勢でサービスに当たっていればよかったけれど、最近では人それぞれの価値観が複雑化し、かなりの差が出てきている。これはサービスする側にとってはとっても難しい。本当に難しいよ」

そこで、入ったばかりのスタッフにはこう指導しています。

「ゲストの要望をできる限り感じ取り、読み取るんだ、と。たとえばニューヨークから16時間かけて到着したばかりのゲストと、マカオからのゲストでは、気分も疲労度もかなり違う。そこで掛ける言葉は、自ずと違ってくるだろう、と」

また、最近のゲストはとても気まぐれで移り気。うまく関わらないと、途端に離れてしまうと、ミー・ロンドンと同様にマルセルも頭を抱えます。「彼らの愛顧に常に感謝し続けないと、よくしてくれないと誤解され、他の競合に流れてしまう」

目の高いハイエンドトラベラーの信用を勝ち取るには、長い時間がかかりますが、失うのは一瞬です。中国の情勢不安もマーケットの大きな不安材料です。

「さらにAirbnbが競合になりつつある。特にニューヨークやロンドンなどの大都市でね。かつて常宿の同じ部屋に泊まり続けたような〝典型的なフォーシーズンズ客〟はもはや存在しないし、彼らでさえ今までと違うものを試したいと思っている」

そんな中、この世界での唯一の生き残りへの道はサービスの質だとマルセルは断言します。

「昨夜の大きなグループ客は、ヨーロッパ行きの夜のフライトだったので、夜までお部屋をお使いいただいた。これらの部屋にはその日の深夜に予約が入っていたので、ハウスキーピングのチームをスタンバイさせて、グループが去ったと同時に即座に清掃に当たらせた。こういう柔軟なサービスが可能なのも、同じ目標に向かって自発的に臨機応変に動ける、頼れるチームあってのことだ。しかし、多くのホテルではこれができていない」

第2章で取り上げたニヒワトゥも、本章の二つのホテルも、ゲストを喜ばすパーソナルなサービスを実現するための地道で手間のかかる情報収集を、組織を挙げて実行しています。これらを滞りなく日々重ねていくことは、並たいていの努力ではできません。

そこに向かって積極的に動けるスタッフが育ち、モチベーションを保ちながら長く働ける風通しのよい環境が作れている背景には、高感度で夢と包容力のあるマネージャーのリーダーシップが大きく存在していることを、今回の取材を通して実感しました。

「夢は?」と尋ねると、マルセルは「夢はたくさんあるよ。夢を見ることはとても美しく、役に立つ。すべての人が仕事の面でもプライベートでも夢見る時間を持つべきだと思うよ」と目を輝かせていました。

このような進化し続けるイノベーティブで洗練された都市的ホテルの存在は、国際都市をより魅力的に活性化する大きなピースの一つです。

ME/UH流ハイエンドな価値の提供

1 ゲストのニーズを察して提案できるコネクション作りに長けたコンシェルジュ
2 洗練され、都市的で、アートやファッションコンシャスな活気溢れる社交基地を持つ
3 ゲストの感度をより高いエネルギーレベルに上げるための情報収集を常に行う
4 クリエイティブで的を絞ったコミュニケーション・マーケティングを展開する
5 部門や年齢を超えてスタッフがアイディア出しに参画し、意欲的に働ける環境を作る

第5章　直感を研ぎ澄まし視野を広げる意識の旅

ASIAN LEADERSHIP INSTITUTE CHIANGMAI SALT LAKE CITY

マインドフルネス、ホリスティックという概念への認知がここ10年ほどで飛躍的に高まり、アメリカや北欧のＩＴ企業を始め、大学などの教育機関でも研修やウェルネスプログラムにこのような取り組みを導入している企業が増えています。

高度成長期に生まれ、多感な時期をバブル期に重ねた私は、人生は努力次第でいかようにも切り開ける。自分をしっかり持って頑張れば、心が折れることなどありえないと考えていました。そして、高次な精神論には憧れを抱きつつも、スピリチュアルセラピーなどには胡散臭いものもあり、効果も客観的に判断しにくいのではと疑念を抱いていました。

しかしその後、さまざまな試練を体験する中で、運命は理論や法則では片付けられないもので、そこには自分の思考をはるかに超えた大きな力がある。そして、試練の一つ一つは私に何かを気づかせるために必要な人生のレッスンで、その流れに逆らわず受け入れることで自分の劣っていた部分が補われ、人としての器が大きくなると考えるようになりました。人の心が、ロジックや道理だけでは動かせないことも痛感しました。

さらには、旅先での数あるホリスティックな取り組みやワークへの参加、本書に登場するクロードやこの章のブライアンをはじめとするリーダーたちと語らいを重ねたり、アーバン・キャビンを訪れるゲストたちとの対話などから、デジタル文明の進展の中で心と身体をトータルに見つめることがますます求められていることを強く実感していきました。

トップ１００が助言を仰ぐコーチとの出会い

そんな時、ＴＥＤトーク・チェンマイを主催する友人から「きっと意気投合するに違いない面白い人を紹介するよ」とランチに誘われたのが、ＡＬＩ（Asian Leadership Institute）の創設者であるブライアン・ボールのお宅でした。自宅は神社のように長い石段を上った先にあり、途中には数軒のコテッジや小さなお寺が点在して、まるで聖地のようでした。

□ブライアンと著者

元ヒッピーで、体格も髭も立派、グル的なカリスマ性を持つブライアンは、初めて会うなり大きく手を広げて「ウェルカム、マイフレンド！」と私たちを旧知の友のようにギューっと抱きしめました。只者でないとは思いつつ、浮世離れした感のあるこの人が、世界のトップ１００に入る会社のリーダーたちがこぞって助言を仰ぐスピリチュアル・コーチだとは、その時点では知る由もありませんでした。

この時に「共に世界を変えよう」と壮大な約束を交わして以来、いつか彼のアプローチを学んでみたいと思っていたところ、そのチャンスは早くも巡ってきました。出会いから1年後の2017年夏、家族で3泊4日のALIのファミリービジネス向けのプログラムに招かれたのです。

意識を見つめ、気づきを促すことがALIのミッション

コーチングという分野が注目され始めた1990年代よりも10年ほど前から、ブライアンはすでにコーチングを行ってきました。このブライアンのコーチを直接受けられるのは、一握りの大手企業やファミリービジネスのシニアエグゼクティブたちです。

「僕のコーチングはビジネス・コンサルティングというより精神的、心理学的なアプローチを取っている。西洋と東洋の伝統を融合していることも特徴的だ。長年の修行経験の中で、僕自身が素晴らしい師に出会い、その教えに自分自身の直感を繋げることができたことが重要だった。その直感はサイケデリックな意識と、厳しいスピリチュアルの修行を通して養われたもの。これらの経験が心理療法士としての成果にも繋がり、それらをビジネスに応用したのがALIだ。さらに、ここチェンマイでリトリートベースに発展させた

ことで、より意識の変容にフォーカスしたコーチングが可能になった」とブライアンは言います。リトリートとは隠れ家という意味で、日常生活を離れ、自分だけの時間や人間関係に浸る場所のことを言います。ここでは合宿形式のセミナーを意味しています。

ＡＬＩのクライアントは、シティバンク、ＪＰモルガン、スタンダードチャータード銀行、モントリオール銀行などの金融機関や大手コンサルティング会社などです。ファミリービジネスでは、景気がよいインドの大きな会社が最も多く、ヨーロッパや中国のクライアントも数社受け持っています。

「世界における企業の力がますます強く、影響力が大きくなってきている。今こそ企業の存在意義に対する自覚を高める必要がある」とブライアンは言います。「そこで企業トップに問いたい。あなた自身はどういう人間か？　あなたが残すべきものは何か？　あなたにとって仕事の意味や目的はどこから来るのか？　どうしたらあなたが自己への興味から離れ、自己中心的でない意識へとシフトできるか？　と」

このように人々の意識を見つめ、気づきを促すことが、ＡＬＩの設立当初からのミッション・ステートメントです。

「企業向けでもファミリー向けでも、1年間でも生涯にわたってでも、僕がクライアントの人生の中に深く関わるということ、それがＡＬＩなんだ」

特にファミリービジネスでは、会社の存続と世代交代と家族のあり方の絡み合い方が個々のケースでまったく違うので、家族間の調和を保ちながら、いかにビジネスを成功に導くのかをさまざまな方向から見て助言する仕事は非常に面白いとブライアンは言います。

カウンターカルチャーとの出会い

ＡＬＩの価値を創造する背景となったブライアンの人生を駆け足で見ていきましょう。

アメリカのアイオワ州の農村で育った素朴なブライアン青年は、カウンターカルチャーや反戦運動が盛んだった１９６０年代後半、カンザス大学に在学中にシカゴでのベトナム戦争の抗議運動に参加して逮捕、投獄されてしまいます。当時のアメリカは反戦運動がカウンターカルチャーへと移行し、ブライアンはサイケデリックなカウンターカルチャーやフラワーチルドレンの世界にどっぷりと浸かることになります。

ドラッグセンターでソーシャルワーカーとして働きながら精神分析学の博士号を取得。この時の研究は、伝統的な心理学の中にも多くのニューエイジ、スピリチュアルな手法が取られていた点が特徴的で、その後のブライアンのコーチングに大きな影響を与えました。そして、ニューヨーク大学で教鞭を執り、児童虐待防止委員会の委員長を務めるうちに、政治家として出馬を迫られ、「俺の人生、どうする？」と自問。従兄弟を訪ねてアジアで1年間のキャリアブレイクをする選択をします。

1970年代初頭、ブライアンはインドを旅し、著名な宗教的導師に次々についてメディテーションや東洋的精神性を学ぶと、チベット仏教文化の中心地であるダラムサラでダライ・ラマに謁見します。そして、「テシバ」というヒマラヤ山脈の山頂にあるリトリートで、チベット仏教の「死のメディテーション」に出会います。

その後、ブライアンはオーストラリアに移り住み、癌を患った従兄弟に食事療法や精神療法を施しました。それが成功すると、ブライアンはクリニックを開設。並行してヘルスリゾートでメディテーションと精神療法の指導に当たりました。すると、たまたま出演したテレビ番組が大反響となり、オーストラリア中から患者が殺到します。

そこでブライアンは、末期癌を宣告された患者のためのクリニックを新たにシドニーに設立します。当時はエリザベス・キューブラー・ロスの『死ぬ瞬間（On Death and Dying）』(Simon & Schuster 1969年／邦訳は現在、中公文庫より刊行中）が出版され、それまでタブー視されていた死というものについて人々が表立って語り始めた頃でした。

やがて、ブライアンは『チベットの死者の書』から、チベット仏教に2千年伝わる、生前に死のプロセスを体験するという先導型のメディテーションを学びます。

「人は普段、死について語ったり、死を自覚したりはしない。骨と皮だけで寝たきりになっても、ミラクルが起こって救われることを待ち望み、死を受け入れられない。でも、受け入れられればもっと死とうまく向き合えるようになるんだ」とブライアンは言います。

家族が集まって、メンバーの一人を失ったらどんなに寂しいかを語り合い、感情を共有することで、より深い愛の源泉に行き着くことができるのだとブライアンは言います。

「愛は、すべての感情や波動が一つになった複合体なんだ。そして、愛は純粋で、無条件だ。愛は我々をより賢く、自己中心的でない共同的な意識へと導いてくれる。メディテーションはその意識へとシフトすることへの一助なんだ」

生前に死の悲しみを共有した家族は、やがて誰かが最期を迎えたその時に、「大丈夫、愛してるよ。もう行っていいよ。君はずっと僕たちの心の中にい続ける。あの世でまた会おう」と見送ることができるようになるのだとブライアンは言います。そして、「死のプロセスが悲しみよりも、信じられないほどスピリチュアルで美しいものとなるんだ」と。

のちにブライアンの元には、かつて死のメディテーションを施した患者の子息たちから、次々と手紙が届くようになりました。「振り返ってみれば、親の死は自分の人生の中で、最も精神的な繋がりを感じた体験だった」と。

ダライ・ラマにイニシエーションを懇願

死のメディテーションの効果に感銘を受けたブライアンは、再びダラムサラに戻り、ダライ・ラマに「死のメディテーションのイニシエーションを受けたい」と懇願します。弟子入りが許され、ブライアンはネパールと中国の国境、ヒマラヤ山脈周辺のさまざまな僧院を回ることになります。このあたりは秘境と言えるような地域だったことから、幸い中国の文化大革命の影響を受けておらず、伝統的な教えや教師に接することができました。それから数年間にわたり、ブライアンはチベット仏教の修行に打ち込みました。数ヵ月をかけて「五体投地」と呼ばれる所作を10万回成し遂げた後は、大きなストゥーパ（仏塔）の周りを回り続けるウォーキングメディテーションを行い、時には身体を逆さまにされ、足の裏を強打されたり、凍りつくほど冷たい川の流れに投げ入れられるなど、自分自身の身体に意識を向ける終わりの見えない修行にも耐え続けました。

ダラムサラでの数年にわたる厳しい修行後は、すぐに社会復帰ができず、タイ南部で長老に付いて10日間の仏教の修行を受けました。タイ仏教の修行は、ダラムサラよりずっと歓びに満ち、教えも系統立っていました。修行後、この長老から「君が数年間ここに残るなら、弟子として迎え入れよう」と告げられます。二つ返事で入門を承諾したブライアンは、オーストラリアに電話し、「アパートをたたんで車は売ってくれ。クリニックは任せた。僕はいつ戻るかわからない」と言い渡します。

それから約5年後、癌を患っていた従兄弟から「いよいよ時が来た」と連絡が入ります。この間、従兄弟は前向きに生き続け、子どもも一人生まれていたことがブライアンの療法の成果を物語っていました。急遽オーストラリアに戻って従兄弟に死のメディテーションを施すと、その数日後に彼は永眠しました。従兄弟の家族が大事な人を見送った過程は、ブライアンにとって人生で最も心を揺さぶられた体験でした。

ALIの始まり

その後、アメリカの大学で1年間教鞭を執り、再びアジアに戻ったブライアンは、シンガポールで二人の精神科医と共に「Center for effective living」という人間の成長と向上のためのクリニックを立ち上げます。

ここでブライアンがとった手法は、彼が培ってきた心理学的でスピリチュアルな知識と治療経験を、ビジネスの課題解決に当てはめることでした。クリニックで始めたグループセッションの一つが企業トップたちの集まりで、多国籍企業やファミリービジネスのシニアエグゼクティブらが集結しました。このリーダー向けのセラピーセッションが人気を博したことから、さらに規模を広げ、継続してきたものがＡＬＩの礎となりました。

12年間シンガポールでＡＬＩを運営した後、ブライアンはアメリカに戻ってさまざまな企業トップとの意見交換を行いました。その結果、自分のリトリートにクライアントを招いたほうが、彼らのオフィスの中で行うよりもずっと効果が期待でき、クライアントもそれを望んでいることを確信し、タイにＡＬＩの本拠を移すことになったのです。

このようなブライアンのユニークかつ時には命がけの修行や、経験の数々を経て培われたＡＬＩの提供するユニークな価値は、これから挙げる5点に集約されます。

1　トップコンサルタントも学びに来るインスピレーショナル・リーダーシップ

すべてのリーダー、特に企業リーダーには「インスピレーショナル・リーダーシップ」が求められているとブライアンは言います。インスピレーショナル・リーダーシップとは、リーダー自身が意識を拡大し、直感を研ぎ澄ませ、そのエネルギーを部下に伝播し、やる気を起こさせるリーダーシップの執り方です。

「インスピレーションとは、自己意識を超えた域にシフトすること、つまり自分より高い次元のものを信じるということだ。たとえばマーティン・ルーサー・キング牧師が〝I have a dream（私には夢がある）〟と語った時、その〝夢〟はキング自身を超える大いなるものであったように。自己意識をはるかに超える意義や目的を信じて、それらと自分が繋がることができれば、その人はインスピレーショナルになれる」

そのような状態で部下と接し、コミュニケーションができると、部下にもその目的意識が伝播し、やる気を生み出す強力なパワーとなり、その企業は協働的に働けるようになるとブライアンは言います。コンサルティングの世界でも、インスピレーショナル・リーダーシップは最も強力で効果的な統率方法だといわれていますが、リーダー自身の力量と信頼が求められるため、実践できるリーダーは極めて少ないと言われています。

「これまで僕らは『高いパフォーマンスを厳しく求める、威圧的なリーダーシップが競争力を生む』と考える文化の中で生きてきた。だから多くの組織では未だ〝drive and strive（努力しろ、走れ）〟的なリーダーシップが執られている。『これをしないと辞めさせるぞ』という風に」

しかし、社会が大きく変化してくると、圧力を使うことはむしろ弊害になるとブライアンは警鐘を鳴らします。

「硬直した階級的な組織体制で厳しく高圧的なリーダーシップを執ると、部下は萎縮して不安が募る。そして追い詰められ、モチベーションが下がり、自由で柔軟な発想や新しい挑戦ができなくなる。しまいに部下たちは自ら要塞を築き、コラボレーションもコミュニケーションもしなくなる。その結果、組織としての競争力を失い、ビジネスの魅力や、組織としての自己意識が失われるんだ」

このような恐怖を駆り立てるエネルギーより、自分のチームと信頼関係を築くインスピレーショナル・リーダーシップのほうが、ずっと強力だとブライアンは言います。

「それは、部下がストレスや恐れや不安に苛まれる人生を送るのでなく、かわりにもっと賢く、ビジネスを運営できることに繋がる。家族内、スポーツチームでも同じことだ」

そのため、ＡＬＩでは自我を見つめ、キャパシティーを広げ、思い込みや先入観、批判意識から解放された穏やかな状態で本質が見極められるオブザーバーモードになって周囲の人の心身や感情に気づくようになる訓練をします。それにより自分や周囲を客観視し、波動的な深いレベルで他者とコミュニケーションが取れるようになり、直感的な高次脳機能にアクセスできるインスピレーショナルなリーダーになれるというのです。

あるＡＬＩのクライアントの会社では、毎年社内でインスピレーショナル・リーダーシップを数値化し、測定しています。ＡＬＩでの研修を受けた後では、この会社の数値は、最低値から最高値まで上がったそうです。

「インスピレーションは感情だ。偉大なアーティストやスポーツマンは、自我をなくし、人が通常は接続していないエネルギーの源に結びついた心の状態に移行できる。そして、そのエネルギーは周囲に大いなるインスピレーションを与え、感動を巻き起こす。自我が減るほど、人はインスピレーショナルになれるんだ」とブライアンは説きます。

2　視野を広げ直感を磨く個別インタビュー

「人間はみな本来、自身が思っているよりずっと偉大だし、自分が思う以上の可能性を秘めている。でも多くの場合、これは無理だ、ダメだとネガティブに決めつけ、卑下することで可能性を狭めてしまっている。自分の思い込みで作り上げられたパーソナリティが、我々の意識を阻んでいるんだ」とブライアンは主張します。

「人が悩みを抱えている時は、精神状態が否定的ゆえに発生してしまう内なる声が考えを支配していくようになる。そして、その声が大きくなるにつれ、常に自分に語りかけてくる否定的な声と自分自身を区別できなくなり、自身の発展的な部分が萎縮してしまう。それは人の自信を奪い、蝕んでいくもので、その悪循環から人は抜け出せなくなる。こういう感情は頭の中で作られたイリュージョン（幻想）で、現実ではないんだ」

そのため、ＡＬＩでは独自のメソッドで、こうした無意識に作り上げられたパーソナリティからの解放を促し、視野を広げ、意識の拡大へと導いていています。

「我々の行動の９割は無意識になされている。そこから脱却するために、我々は自己反映的にならなければならない。そうするとオブザーバーモードの状態になり、自覚を持って行動できるようになる。そして周囲の人のパーソナリティも見えるようになるんだ」

その時に大事になるのが「直感」です。

「我々の頭の中には、これまでの人生経験が詰まっている。でもその経験からくる論理的合理的思考よりも、直感的な脳を使ったほうがより多くの神経容量にアクセスできるんだ。ほとんどの発明は合理的思考を脱し、直感的思考に移行した中で生まれている。アインシュタインの『$E=mc^2$』も直感から生まれ、論理的な思考は後追いで検証に使われただろう？　それにすべての偉大なクリエイターやアスリートたちは、従来の考え方ではオリジナリティが生まれないがゆえに、その枠を飛び出し、直感で新たな力を生み出している。多くのトップコンサルタントは、シャワーを浴びている最中に突然『そうだ！』と直感的にひらめくことがよくあるんだよ」

トップリーダーに必要なのはこのような直感を研ぎ澄ます「意識の旅」ができることで、ALIに世界中からリーダーが集まる所以だと納得しました。

3　バイブレーション（波動）を感じる仕掛け

ところでみなさんは波動、あるいは「気」を感じられますか？　頭の中や身体の中心部が拡張し、一緒にいる人と人の気が響き合うように感じられたのが、ブライアンの「シンギングボウルセラピー」です。お寺でチーンチーンと鳴らす鈴と同じ形で、微妙に大きさや厚みが違うサラダボウルほどのガラスの器が7個ほど、ロウソクの灯の中、ブライアンの部屋に並んでいます。それぞれのボウルは異なる音と周波数を備えていて、打ち手で器の外側をブライアンがゆっくりこすると「ボワーン」と深く広がりのある重い音が耳の奥、さらにはお腹や胸の奥に鳴り渡ります。

□ブライアンのシンギングボウルセラピー

歌う器という名のこのセラピーは、音が身体の滞っている個所に効果的に伝達され、右脳と左脳のバランスを保つのに役立ちます。また、深いリラクゼーション、ストレスの解放、ホリスティックなヒーリング効果が得られ、チャクラのバランスが整うといわれています。最初は鼓膜やお腹が圧迫されるような苦しさ、圧力も感じたのですが、慣れてくると次第にそこが開いていくような、心地よい感覚に変わっていきました。

毎朝夕に参加者が集まり、互いに向かい合って行われるヨガも、互いの波動を感じる時間でした。最終日にはコーチたちの要望を受け、通常のヨガに代わって山田家が提供しているワビ・ヨガ（WabiYoga）という、デジタル時代の課題解決のための心身のトレーニングを行いました。心と身体の芯が定まり、パートナーとペアを組んで行うエクササイズが好評で、「これはリーダーに必要な存在感のある姿勢が身につき、チームビルディング、社員エンゲージメントを高めるのに最高だね」とのフィードバックをいただきました。ＡＬＩのチームビルディングプログラムでも、ワビ・ヨガを取り入れたいとの要望を受けました。

昨夏に訪れたカリフォルニアのグーグル本社やドリームワークスの敷地内でも、就業時間中にヨガレッスンに励む社員の姿が見られましたが、多くのレッスンは外部講師を招聘して行われるため、社員との意識に乖離があり、とってつけた形になりがちです。ワビ・ヨガではリーダー自身がスキルを身につけ、自分のチームをナビゲートすることを奨励しています。それにより、部下の健康状態や精神状態などを知り、彼らとパーソナルなコミュニケーションを深めることができます。

4　一体感を促す裸の付き合い

ＡＬＩの合宿の面白さは一体感作りです。朝夕のヨガに始まり、午前と午後にワークセッションや個別インタビュー、食事や夕方のスチームサウナと、基本的に参加者とコーチが共に過ごします。このように、自前のリトリートでリーダーシップ・コーチングをしている例は他に知らないとブライアンは言います。

「我々のリトリートは、互いに魂レベルで共振し合うようデザインされている唯一の集団だ。ＡＬＩがやっているのは変容的（Transformative）なワークで、競合はいないと思う」

三度の食事はそれぞれ異なるダイニングルームで用意され、セッションごとに敷地内の部屋を移動していきます。時には近くの寺院に出向いてストゥーパを舞台にセッションを行ったり、プログラムの合間にはプールで泳いだり寝そべったり。突然スコールが降ってくるチェンマイという環境も生かして巧みに時空間を移動させ、参加者の心と身体の〝脱皮〟を促します。

中でも夕食前に用意されるハーバルスチームバスは、独特のコミュニケーションと一体感を感じられる場です。コーチや参加者が水着で集まり、互いに譲り合いながらスチームと水風呂を出たり入ったりする中で、ワークとはまた違った非言語コミュニケーションが磨かれます。サウナ内はスチームが充満して相手の姿が見えにくいため、小さな密室でも抵抗なく隣り合わせになれます。温度は38度と暑すぎず、ハーブの鎮静作用でリラックスしているせいか、オープンで自由な心持ちで会話が進みます。ワークを振り返ったり、今後の取り組みについてのアイディアや解決策も浮かぶなど、ブレストの場としても効果的でした。ブライアンはスチームをクライアントとの個別面談の場としても使っています。

タイの伝統療法に則ってレモングラス、ジンジャー、ナンキョウ、コブミカンにパンダナス（タコノキ属）など、いく種類もの葉がブレンドされたハーブは、体内の毒素を排出するデトックス、心を落ち着ける鎮静作用や疲労回復に効果があります。スチームでの摂取は、肺や血流に直接届くため、お茶にして飲むよりも効き目があるそうです。高血圧など不調を抱えるクライアントには、伝統医学の医師がハーブを特別に調合した個室のスチームが用意されます。

カリフォルニアにあるエサレン研究所は、60年代にスタンフォード大学の卒業生らによって「人間の可能性」を追求しようと設立された哲学・心理学の研究所ですが、ニューエイジ、サイコセラピーの発祥地であるここにも、ネイティブ・アメリカン「エサレン族」の聖地だった崖の上に、海の絶景を見下ろす露天風呂が3ヵ所ほどあります。ここの特色は全員が全裸で入浴することで、衣服だけでなく身にまとっている肩書や都会くささ、エリートくささの殻を脱いで自己を解放し、自然に帰るイニシエーションとして位置付けられています。日本人はとかく混浴を恥ずかしがりがちですが、入浴をこうした精神的効能も踏まえた自由な気持ちで捉えることで、新たな効果を見出すのも面白いでしょう。

5 エネルギーを与えインスピレーションを促進する食

ＡＬＩの食事は、タイ料理をベースにしたベジタリアンのフュージョン料理で、生命

□ALIで食事をとるゲストたち

力に溢れ、飽きのこない優しい味が特徴です。調理される野菜は、タイ国王主導のロイヤルプロジェクトで推進されている、標高2千メートルの山地で育てられたフレッシュなオーガニック野菜。多くのクライアントが人生で一番美味しい食体験だったと言います。

メニューはたとえば豆腐の煮込み、揚げトウモロコシ、グリーンカレー、野菜と大豆の煮込み、焼き豆腐のごまソテーなど、食べることで身体が浄化されるような大皿が5種類ほど、毎食ごとにテーブルを賑わします。美味しいだけでなく、心にしみる料理。その理由は料理好きで感性豊かな、今は亡きブライアン夫人ジェーンのクリエイションにありました。

ジェーンは、ALIのリトリートプログラムにおいて栄養豊かでエネルギーを得られる食が重要なことを理解していて、自分の亡き後もALIの食文化が継続できるよう大量のレシピを残し、ミャンマーの少数民族の女性二人に食への考え方や調理法を伝授しました。料理の経験のあまりない二人でしたが、彼女らの気質を見込んだジェーンが精魂込めて教え続け、今もその味はしっかり受け継がれています。

□ALIの食事メニュー

「二人はジェーンの貴重な遺産だよ。ジェーンは、調理する者は仕事という意識でなく、愛情を込め、優しさを持ち、食事にエネルギーを与えるという思いであたらなければいけないという信条を持っていた。だから食材に心を集中させ、食する人に栄養を与える気持ちを込めてメディテートしながら調理した。その姿勢を後継者たちに授けたんだ」

ジェーンの思想と愛のこもった料理はクライアントの間で人気となり、そのうちの一人が彼女の手作りソースや調味料を販売するビジネスを立ち上げました。その商品は「MEKHALA」というブランドで日本でも販売されています。

初日の夕食の席でブライアンから「ここにいて、ここの食事を食べて、スチームに入ることで浄化されれば、身体と意識が変わってくるよ」と言われたことが実感できました。美味しいだけでなく、心身を浄め、意識を変容させてくれる料理は、世界中でさまざまな実験が行われ、進化を続ける食という旅の、最も高みにある到達点といえるでしょう。

変化し続け、変化を楽しめるリーダーがこれからは必要

シニアエグゼクティブたちがＡＬＩに求めるものはさまざまです。自身の変容を求めてやって来る人もいれば、昇進や仕事の責任の重さに不満や不安を抱き、生きる目的を模索しているクライアントもいます。リーダーシップの向上への純粋な興味からだったり、あるいは他の参加者や企業から勧められてやって来ることもあります。

「企業は、より有能で期待に応えられるシニアレベルのエグゼクティブを求めている。だから、あるリーダーの押しが強すぎ、リーダーとしての資質に問題があるような場合は、『彼の角をどう滑らかにするか』がその企業にとっての課題となる。そうした時、我々はそのリーダーの意識をシフトさせ、世の中の見方を変える。そのような企業のニーズに応えることは、そう難しくはない」とブライアンは言います。

また、シニアエグゼクティブには、共に働く人々との関係性をこれまで以上に重視することが求められるとブライアンは指摘します。

「問題が起きた時、先頭を切ってそれにどのように対処するかが重要だ。そこでは他の企業のベストプラクティスを踏襲できない。なぜなら、どこかの会社の成功例を見つけて導

入している頃には、それはすでに古びてしまい、もはやベストプラクティスではなくなってしまっているから。だから、変化の最前線を行こうとする企業やリーダーにとって、いかに変化し続け、同時に変化し続けることを楽しめるかということが問われてくるんだ」

そこでＡＬＩでは、個々のリーダーとじっくり対話を重ねながら、それぞれのケースにおける変化への対応策へと導いていきます。

「人間は変化に抵抗するようにできている。しかし世界が変化し続けている中で、我々人類のみが変化を拒み続け、今日と同じ明日が続くことを望むわけにはいかない。安定は幻想だ。我々は流動性と柔軟性を持ってこの変化を受け入れ、そのプロセスを楽しむ姿勢でいることが必須だ。我々自身が変わり、意識を変えなければ、人類の生存の望みは薄くなっていくだろう。だからクライアントには、変化することへの楽しみ方を学んでもらい、それをリーダーとして、人としての進化として認識して欲しいと思っている。意識が高く、自覚のあるリーダーはとてつもなく有利で、ビジネスを成功に導くことができるから」

感謝の念や寛容性がビジネスの成功に繋がる

人生の目的とは何か。競合優位性をいかにして保つか。決断力をどう養うか。家族の繋がりをどう強化して楽しく過ごせるか。ワークライフバランスをどう取るか。自分にとって何が成功か。これらが大半のクライアントの関心事であり、憂慮だとブライアンは言います。

「人はとかく成功の指標に向かって、野心を駆り立てるので大忙しだ。経済的安定のためには預金は５００万ドルでなく、１千万ドルは必要だ、などとね。これは、銀行にいくらあるかが本題なのではなく、金銭的な安心のための焦燥に駆り立てられてしまっている状態なんだ。そして、ひとたび目標に辿り着けば人は自問する。『これが本当に人生のすべてなのか？　僕が求める成功はこれなのか？』と。なぜならほとんどの野心家は、永遠に満足することを知らないから。だから人に対する感謝の念や人を許せる寛容性を身につけることで、実際にビジネスでより成功できるようになる。心で感じるままを口にすることで、より信頼性が高まる。そこに不協和音は存在しないんだ」

我たちが体験した合宿も、感謝の念や寛容性が自然と醸成されるようにデザインされていました。毎回、食事に先立って、ブライアンの「A moment to feel grateful（感謝のひと時）」という声掛けとともに、テーブルを囲むすべてのメンバーが静かに手を取り合って数秒間心を合わせ、出会いや食事を共にできることに感謝するひとときがあります。クライアントの中にはこの小さな儀式を帰国後も日々の生活で実践している人が多いとプライアンは言います。

またワークショップでも、ファミリー間のコミュニケーションと関係性を、より前向きで有効かつ円滑にするための10の約束事を伝授され、実践プラクティスを行ったり、自分が理想とする生き方を動物になぞらえて互いの考えを共有しました。また、それぞれが捉える家族の姿を、一人一人を星に見立てた星座として手を繋がせて表現する中で、相手の心の内を理解することができ、自分の立ち位置を振り返るよい機会になりました。

ハイエンドはデジタルよりパーソナルに人と繋がる

ＡＬＩのプログラムはテーラーメイド。価格は2万ドルからで、基本は5年契約です。ほとんどのコーチングが1時間当たりの金額を設定している中、ＡＬＩはプロセスとクライアントとの関係性を真に大切にしているため、時間の切り売りをせず、期間を厳密に設けていないそうです。

「たとえば、2年前にリトリートに来たクライアントが、人生の苦難に遭遇し、僕を必要としていたら、もちろん、僕はここにいるよ。僕は彼らのサニーボーイ（親しい男の子の意）さ。それが本当の繋がりだ」とブライアンは微笑みます。

さらに重点的に、密にコーチを受けたいクライアント向けに、「リーダーの一生のうちの一年（year in the life of a Leaders）」という4回のリトリートを、クライアントの都合のよい時に受けられるパッケージもあります。

ファミリーセッションの場合は、長期的に取り組むケースが多く、個々の状況に合わせてカスタマイズします。クライアント一人だけでなく、家族の他のメンバーにもコーチする場合は、我々が体験した時のように複数のファシリテーターが関わります。このファミリープログラムに、ブライアンは今最も力を入れています。

SNSなどのデジタルメディアとの関わりについて、ALIでは、むしろアナログに面と向かってのコミュニケーションを取っています。SNSはメッセージや通話など、単にコミュニケーションツールとしてのみ使用し、そこにソーシャルネットワーキングサービスの戦略はありません。

「人は、特にALIレベルのクライアントは、そう易々とソーシャルネットワークで繋がったりしない。繋がるときは、もっともっとパーソナル化した、プライベートな状況下でだと思う」とブライアンは言います。

メルセデスよりも最高の旅へ

スタッフや若者には、「まとまった金を手にしたら、メルセデスを買うよりも、思い切って自分がしてみたい最高の旅に出て欲しい」とブライアンは助言しています。

「メルセデスは乗り心地はいいけど、どうしても自己顕示的な要素が強い。でも旅で出会う多くの経験は、自分の内面を高め、刺激し、自分を変えてくれさえする。その経験はずっと自分の中に存在し続けるから、そのほうが価値があると思うよ」と。

これまで山ほどしてきた旅の中で、ブライアンが最も自分が変容したと感じた旅は、やはりチベットでの修行体験だということでした。

「あれは本当に惨めだったけど、断じて変容的な体験だった」

生まれ育ったアイオワの農村を出てアジアという文化的にまったく違う世界に来て、異国の女性と結婚したこともブライアンにとって無条件に大いに変容的な人生の旅でした。

「これらの変容的な体験によって、物事を決めつけるのでなく、自分の視野を広げ、見たままを受け止められるようになった。それにより、他人には見えないものが見えるようになって、人と共感しながら心の繋がりが作れるようになった。ひいては自分自身の感情的な部分とも繋がることができるようになったんだ」とブライアンは振り返ります。

その意味でもブライアンは、人が悩んでいる問題のすべては、結局は相手の感情に共感できずにいることから生じていると確信しています。

「だからＡＬＩ、すなわち僕がやっていることは、結局のところ僕自身が不安、心配、憂慮、ストレス、欲求不満、孤独、幸せ、感謝、愛など、自分の中のすべての気持ちに対処できるようになるための、大きなチャレンジの一環なんだよ」

人はみな、豊かで幅広い感情を内に秘めているにもかかわらず、多くの場合、自ら可能性を狭めてしまっているとブライアンは指摘します。

「現実はこうあるべきという思い込みを通して世界を見ていると、自分の世界観に沿ったものしか見えず、頭の中の現実にますます囚われ、自覚を失ってしまうんだ。我々はみな共に歩んでいるのであり、これは進化の過程なんだ。その進化の中で、我々は合理的な考えから、より高い次元の意識にシフトしていかなければならない。もっと高い意識を持ってすれば協働し、結束し、心を開き、より賢明になることができる。ＡＬＩがやっていることは宗教的な教えでなく、今を生きる人々の生き方に当てはめた〝スピリチュアル・ジャーニーの万有の形〟なんだ」

ブライアンとの会話の中に、繰り返し登場するのが「直感(intuition)」という言葉。リーダーにとって「直感をどう駆使するかが肝要で、分析や理屈、理論でなく、直感で人と関われる人材を育てたい」と言っています。直感を磨くことは、これからのリーダーのあり方の鍵を握るスキルといえそうです。

ALIでの時間は、まさに〝スピリチュアル・ジャーニーの万有の形〟。孤独で行き詰まったリーダーが、自分の迷いを晴らし、不安を鎮め、自信を回復し、自身を変容させる精神的な旅は、今後さらに求められていくでしょう。

ALIに学ぶハイエンドな価値の作り方

1 参加者を凝り固まった考えから解放し、視野を広げ、直感を研ぎ澄ます
2 変化することを楽しみ、協働的に働けるリーダーシップを醸成する
3 参加者の一体感や感謝の念を育てる
4 独自の食事やスチームバスでデトックスし、エネルギーを与える
5 互いに魂レベルで共振し合うよう空間、プログラムをデザインする

第6章　同志に出会い、未来を創る旅

G1
SUMMIT
JAPAN

旅行形態には、大きく分けてＦＩＴ（Free Independent Travelers）と呼ばれる個人旅行者と、ＧＩＴ（Group Inclusive Tour）と呼ばれる団体旅行があります。団体旅行のうち、ＭＩＣＥ（Meeting, Incentive tour, Convention, Exhibition）と呼ばれる主にビジネス目的のグループ旅行には、ハイエンドなものも多く含まれます。観光庁の２０１７年の発表によると、２０１６年に日本国内で開催された国際ＭＩＣＥの総消費額は約５３８４億円で、その経済波及効果は約１兆５９０億円と推計されています。しかし、観光庁のデータはアンケートベースのため、現状を反映しきれておらず、実際の規模はもっと大きいと推測されています。

このように、ＭＩＣＥは一般の観光旅行に比べて参加人数が多く、消費額が大きいことから、国や自治体の多くがＭＩＣＥの誘致に力を入れています。世界を見渡しても、ＭＩＣＥは増加傾向にあります。欧米はＭＩＣＥをすでに長く行ってきているため頭打ちの感がありますが、ロシアなどのＢＲＩＣｓにとっては経済成長の証となっています。

２０１７年に開催された都市別の国際会議開催件数ランキング（ＩＣＣＡ発表）を見ると、上からバルセロナ、パリ、ウィーンと続き、アジアではシンガポールが6位、ソウルが10位、香港が13位につける中、東京は18位、大阪に至っては１５６位とかなり劣勢となっています。理由は、ＭＩＣＥを開催できるような大型な箱物が足りないこともありますが、それ以上に、海外のゲストを呼べる魅力的なコンテンツが少ないことが要因でないかと私は考えています。

第4章で触れたように、香港のアート・バーゼルのフェア単体の売り上げは39億円。ほかにもホテルや移動手段にレストラン、ショッピング、エンターテインメントなどにおける複合的な収益を含めると、相当な経済効果を生んでいることでしょう。一人が訪れることによって複数分野が潤うこのような機会を、従来の「観光」という枠に限定することと自体に無理があると、これから触れるＧ1の観光のセッションでも度々耳にします。今後はこうした機会を、観光という概念を超えた今までにない都市体験（Urban Experience）として再構築していけるかどうかが、ビジネスとしての岐路となるのではないかと思います。さもないと、オリンピックや万博のような機会においても、期待以上の成果が上げらないのではないかと懸念します。

ＭＩＣＥは主に会議やインセンティブ旅行、イベント、そしてコンベンションの３つに分かれます。その中で、ハイエンドな会議やインセンティブ旅行には、企業の役員会、社外取締役やクライアントを招待するもの、そして社員へのご褒美旅行などがあります。

イベント旅行の代表的なものは、オリンピックや万博のVIP向けアテンド旅行、ハイブランドがプレスやバイヤーを招待するファッションショーや、クラシックカーやスーパーカーのオーナーやトップクライアントを招いたドライビングイベントなどです。

また、旅程がきっちり管理されているカンファレンスには、G8やダボス会議など、首脳級が集まる会議旅行や、民間ではCEOやYPO（Young Presidents' Organization）などの経営者団体が主催する年次旅行などがあります。私たちが所属するF.B.N.（ファミリー・ビジネス・ネットワーク）でも年に一度、メンバーと次世代メンバー向けの2泊3日の国際会議旅行が、毎年それぞれ世界中の違う国で開催されています。2017年はスペイン領のグラン・カナリア、2018年はヴェネツィア、2019年はジャイプールといった風に、その国の魅力や風土を代表する都市が開催地に選ばれています。

F.B.N.では本会議に先立って、主催国を代表するファミリー企業の訪問や、オーナー家主催の食事会、ワイナリーの見学などの小旅行が催されます。そして開催中は、ファミリービジネスを取り巻く現状と未来について講義やワーキングセッションで学んだり、カクテルやディナーパーティーなどを通じて、世界の家族経営のファミリーと親交を深める機会があります。ヴェネツィアでは12世紀の古い館で、参加者全員がヴェネツィアンマスクを着用しての仮面晩餐会が開かれました。

これらのＭＩＣＥは、これまで紹介してきたような予約さえできれば実現する旅とは違い、そもそもメンバーに名を連ねているか、特別な招待がなければ参加ができません。

この章で取り上げるのは、日本の各界のリーダーが集う「Ｇ１サミット」というリーダー向けの招待制カンファレンスです。異分野のリーダーから最先端の学びができ、互いに刺激し合える仲間ができるＧ１は、運営側も参加者もトラベルという意識はないものの、さまざまな角度から参加者を高める仕掛けがあることから、ハイエンドトラベルなのではないかと考えるようになりました。多忙を極めるリーダーたちが、毎年スケジュールを最優先して集うほど、魂を揺さぶられる旅がどのように創造され、何を生み出しているかを研究することは、ＭＩＣＥのコンテンツを考える上で非常に参考になります。

Ｇ１サミットは、一般社団法人Ｇ１の代表を務める堀義人氏によって、２００９年に発足しました。混迷する世界にあって現代の、そして次世代を担うリーダーが集い、日本再生のビジョンを描く場にするというコンセプトの「Ｇ１」には、「ＧＬＯＢＥ（世界）が一つになる」「ＧＬＯＢＡＬでのＮｏ・１」「ＧＥＮＥＲＡＴＩＯＮ（世代）が一丸となる」という思いが込められています。

毎年1月後半から2月頃に、国家元首をはじめとする世界のリーダーがスイスの雪山に結集する「ダボス会議」に着想を得、G1も2月から3月の連休を利用して、北海道や東北のスキーリゾート、あるいは沖縄のリゾートなどを舞台に開催されます。さまざまな分野の第一線で活躍する主に30~50代のリーダーたちが、年に一度3日間籠って寝食を共にします。朝から晩まで、党派や領域を超えて知恵を共有しながら議論を交わし、そこで得た知見を持ち帰ってそれぞれの分野で行動に繋げていくプラットホームとなっています。さらには参加者それぞれがよき仲間を得、リーダーとして成長する糧ともなっています。

待っていたのは知のシャワー

G1との出会いは、堀さんからの1通の招待メールでした。時は折しもリーマンショックの直後。「この先どうなるかわからない」と社会に大きな不安が渦巻いていた時期でした。招待状には「若手リーダーで集まり、共に日本をよくするために徹底的に議論します。ぜひ集まってください」というような内容が書かれていました。「家族のいる方はご一緒にどうぞ。僕も子どもたちを連れて行きます」ともありましたので、子どもたちのスキーウェアを詰め込み、開催地である福島のアルツ磐梯に向かいました。子どもは、G1

□G1での山中伸弥教授の基調講演

メンバーでもある星野リゾートが、雪遊びや鎌倉作りなどさまざまなキッズプログラムを用意して預かってくれました。はたしてこの秘密結社のような会、いったい何が起こるのだろうとワクワクしながらオープニングに臨んだのでした。

「将来ノーベル賞を取るかもしれない科学者」と紹介された山中伸弥先生が基調講演を行い、再生医療を実現するために重要な役割を果たすｉＰＳ細胞が京都大学で誕生していること、その開発の苦労や課題、今後の可能性など、それまでは聞いたこともなかった未知の分野に遭遇しました。そして、この偉大な発見を取り巻く環境について、国の支援が手薄で資金難にあること。このままでは日本発の世紀の発明が、国際競争の中で他に奪われてしまう危機に瀕していることも初めて知りました。

普段は接点がない異ジャンルの人たちの最前線の話を、他ジャンルの人たちがどのように反応するのかを肌で感じながら共に考えるという、それはかつてなかった知のシャワーのようでした。この時の、見知らぬ世界に出会った胸の高まりと、目を覚まされたような感覚は今も鮮明に覚えています。

3日間のプログラムには、政治、外交、金融、製造業、文化、イノベーションや人権活動、AIや宇宙開発など、日本の未来構築に不可欠な分野の第一線で活躍するスピーカーによるセッションが、早朝から夕方そしてディナーを挟んで夜のワーキングセッションまでみっちり組まれています。さまざまな分野の専門家の知識を授かり、グラスを傾ける中で、志を共にする同志に出会い、自分を成長させることができたと感じています。毎回G1から帰った後は、しばらく興奮冷めやらぬ状態が続き、そこで得たものを一年間の仕事や生活にどう生かすかと考えを巡らしています。

仲間との親睦を深める楽しい仕掛けが満載

G1は「世代の責任」を強く意識していると堀氏は話します。

「日本をよくするのは、政治家ばかりの役割ではない。僕ら国民一人一人がリーダーとしての自覚を持ち、提案し、行動することが重要だ。僕自身5人の子どもの父親だが、この子どもたちは将来一人当たり1千万円近くの借金の負担をすることになってしまう。僕らが責任を持って行動を起こし、よりよい日本を次の世代に残そうではないか」

そのためのコアなコミュニティを作るために、まずは100人の参加者でスタートした

Ｇ１サミットは、10年の時を経て５００人を超える大所帯に成長しました。山中伸弥教授のノーベル賞受賞は現実のものとなり、多くのスタートアップやイノベーションが飛び出しました。国会ではＧ１が実現を働きかけた法案が成立し、官邸で開催されている会議にも多くのＧ１メンバーが加わっています。またＧ１でのネットワークから、分野を超えた新たなコラボレーションやイニシアティブも生まれています。日本をよくする具体的な方策が示された『日本を動かす「１００の行動」』も刊行されました。本書も「イノベーション人材の輩出」「大都市の国際競争力強化による日本の底上げ」など、１００の行動に掲げられている複数の項目への提案として取り組んでいます。

期間中は、さまざまな学びに加えて雪国ではスキーやスノーボード、沖縄ではビーチバレーやサッカーなど、仲間として親睦を深める運動会も組み入れられています。さらに夜には地元の郷土芸能やアーティストを巻き込んだ音楽フェスが開かれるなど、お楽しみも満載で、ネットワークを広げ、仲間との親睦を深めるさまざまな仕掛けが凝らされています。

「僕は人が集まる一番大きな理由は『楽しいから』だと思う。だから楽しい空間をどうやって作るかを常に考えている。学び、遊び、スポーツなどが組み合わさり、音楽や芸術なども含めて楽しいと思う場を作っていくことを常に意識している」

自らを「人生を楽しむことの天才」と称する堀氏は、このような世代を超えた楽しみを創造するために、日頃から楽しさの研究に当たっています。

「みんなが楽しいということは自分でもやってみて、どうして自分がそれを楽しいと思うのかを分析する。すると、こういうことをするとみんなが楽しむんだな、とわかってくるんだ。〝楽しさを科学〟しているんだ。楽しくないと人は集まらないし、自分が主催するものは絶対楽しくしようと強く思っている」

かつて私が勤めていた放送局のキャッチフレーズは「楽しくなければテレビじゃない」でした。当時は「楽しさ」の解釈を履き違えた番組も多く流れていましたが、楽しさが充足感を生むことはどの世界にも共通しています。違いは楽しさの「質」。ハイエンドなゲストの目線に立った「楽しさ」を実体験として肌で感じ、そこのどこがどう楽しく、どうしたらそのエッセンスを自分の提供する時間に応用できるのかを研究し続ける努力は、独自の価値の創造と新鮮味を保つために欠かせません。

不満足要因となるロジスティックスを快適にする

このような機会を楽しんでもらうためには、コンテンツとしての楽しさと共にロジスティックス（バックヤードのサポート）の快適さがとても重要だと堀氏は考えています。

「ロジスティックスやプロセスは、スムーズに動くことが求められる。満足要因はコンテンツで生み出せるが、不満足要因はロジスティックスやプロセスから発生することが多い。受付がわかりづらい、時間の無駄が生じた、電話の応対が悪い、あるいは問い合わせに答えが返って来ないなど。事務局のオペレーションをものすごく大事にしていて、そこにかなりの労力を使い、満足度を高めることを追求している」

これらの要因は、堀氏自身が過去に参加したダボス会議、世界の若手経営者が集うYPO、世界の起業家・創業者のネットワークEO（Entrepreneurs' Organization）などの場でよいと感じたり、悪いと思った体験から学んだケースが多いと言います。

「その中でよかったことはどんどん取り入れ、悪いと思ったことは改善した形で提供する。自分自身が参加者として感じたことを元に作り上げている」

この寸分の隙もない見事な時間管理と機動力のある運営力が参加者の楽しさをより引き立て、心地よい緊張感を維持しながらサミットを過ごせることに大きく貢献しています。

旅は知らない世界から学びを得る機会

堀氏は旅を通して楽しさを探求し、知的好奇心を満たす色々な場に参加して、未知の楽しみ方やコンテンツに触れる機会を多く持つようにしています。

「旅は自分が知らない文化や考え方、風土に触れる機会だ。その違いに遭遇したときに自分がどう感じるかを含めて、とても楽しみ。たとえばニューヨークでビジネスや文化の先端を走っている人が、ブータンにとても関心を持っているという話を聞いて、僕も行くことに決めた。ブータンのような国を訪れると、社会や文化の違いに大きな衝撃や感銘を受ける。また文化的な学びがある場所にも惹かれ、インカ文明に興味を持ってマチュピチュに行ったし、サファリや砂漠へも行った。新しいものに遭遇すると自分の考えが変わる」として、世界のビジネスリーダーも旅を通じて生きる道を学んでいると堀氏は語ります。

「たとえばスティーブ・ジョブズはインドに行って、そこで精神世界に目を向け、仏教とのふれあいを通して彼なりの人生観、死生観というものを持ったのだと思う。そういったリーダーが、自分の生きる道や自分が社会の中で果たす役割を他の分野から学び取る。ビジネスばかりではなく、美術や宗教、ある場合は哲学や歴史など、世界のビジネスリーダーは、さまざまな分野から学びを得る機会として、旅を捉えていることが多いのではないか」

学びを目的とした旅では、堀氏はハーバード・ビジネススクールに行ったり、インドで古代の哲学を学んだりもしました。学者や実業家が普遍的価値について思索するアスペン研究所で西洋思想を学んだり、革新的技術を使って人類の最も困難な課題解決をすべく、シリコンバレーを拠点に創設された教育機関シンギュラリティ・ユニバーシティ（Singularity University）で、最先端のテクノロジーを学ぶ旅もしてきました。

「ダボス会議では、今まで僕が知り合うことができなかったようなリーダーに出会い、違う発想に触れて学びを得、刺激を受け、触発されるということがあった。知的好奇心と、自分が楽しむことの二つに突き動かされて、それを常に自分の頭の中で考え、自分なりの方法論で多くの人に提供している」

ビジネスの創造に必要な感動を表現する力が、旅によって養われると堀氏は考えます。

「ビジネスはロマンで始まる。そのロマンをサイエンスを使って構築し、アートにまで昇華させる。つまり〝絵〟を描くのだ。その絵が多くの人々に伝播し、人間同士のぶつかり合いの中でビジネスが創り上げられていくのだと思う。そうなると、ビジネスもアートと同様に『純粋に感動すること』、そしてそれを『率直に表現すること』が大切になる。だからビジネスパーソンには感動する力、そしてそれを何らかの形で率直に表現するアーティスト的な要素が要求されるのだと思う。旅はその力を養うよい機会だと思う」

各分野の先端を走る人の考えをフォロー

堀氏は、ツイッターなどのソーシャルメディアを利用して、各分野の最先端をフォローし、世界の潮流に積極的にアンテナを張り巡らしています。

「一番心がけているのは、各分野の先端を走っている人が何を考えていて、何を思っていて、何をしているのか、どういうことに触れる機会を持っているのかを知ること」

フォローしているのはイーロン・マスクや、ピーター・ディアマンディスというシンギュラリティ・ユニバーシティーの創設者や、ユーラシア・グループの代表で地政学系のトップのイアン・ブレマー、そしてフィナンシャルタイムズの編集長のライオネル・バーバーなど。

「各分野のトップの方々の考え方に触れる機会をなるべく多く作って、その人の見る風景を見ていく。彼らの考えていることがまとまっているような記事やウェブサイト、各種のメディアも常にウォッチするようにしている」

ここまで紹介してきた創設者もそうでしたが、自らが学び、遊び、人生の楽しさを知りつくしているからこそ他人を楽しませることができ、人を動かすムーブメントをつくっていけるのではないでしょうか。これこそが生真面目な日本人が不得手とするところかもしれません。変化の激しい時代、楽しさを探求し、アップデートし続ける情報収集や豊富な経験の蓄積がゲストをインスパイアするということを、堀氏らの姿勢から取り入れて試し、新たな価値を作り出していくことが私の喜びです。

最高の次世代教育の場

日本ではメンバー中心の参加が多いＭＩＣＥですが、Ｇ１は同伴した家族もサミットを最大限に楽しめるよう配慮されています。配偶者や中学生以上の子女も、Ｇ１メンバーと同様にセッションを傍聴する機会に恵まれ、ワークショップなどでは議論にも参加できます。中には議論に主体的に参加し、最終日のクロージングセッションでグループ討議の発表を担当するＧ１メンバーの子息も出てきています。

「Ｇ１は世代の責任をとても意識しているコミュニティです。日本をよくするためには、多くのマルチステークホルダーでコミュニティを作り、それを次の、そのまた次の世代に繋げていくことが非常に重要。Ｇ１にはこれまでの議論をまとめた『１００の行動』というビジョンがありますが、前回複数のご子息が自発的に100の行動2・0への提言をしていた姿は、まさにG1が目指していた一つの姿でした」とG1サミットを統括する我謝氏は言います。

また小学生以下の子ども向けには、G1ジュニアというプログラムが用意され、代表がG1メンバーでもある花まる学習会の講師が、学びと外遊びの指導に当たっています。

中にはG1が唯一の家族旅行だという多忙な政治家もいて、家族ぐるみの友人ができることも楽しみの一つです。

「家族連れを奨励することで、パートナーや子どもたちもG1サミットの熱気を体感できる。G1メンバーの志に同調し、結果メンバーの活動に理解を示し、協力してくれるという好循環が起きていると感じる。夫人たちで集まって勉強会を開いたり、子どもたちも錚々たるG1メンバーから刺激を受けたり、学校を越えて仲間ができたりして、次世代の仲間づくりに発展しているのはとても心強いことだ。彼らの世代も互いに支え合って、よりよい日本のために力を出し合ってほしい」と堀氏。

このようなG1を旅行と捉えている参加者は少なく、むしろ出張という意識が強いかもしれませんが、G1にはハイエンドトラベルと思える要素が満載なのです。

「メンバーの家族も会議に出席できることは、G1サミットがダボス会議と違うところ。僕が卒業生理事を務めていたハーバード・ビジネススクールでは、5年に一度同窓会を開いていて、皆家族連れで参加している。昼間はひたすら研究発表が続く中、子どもたちはキッズ・キャンパスで遊んだりできる。夜はパートナーを同伴してのディナーがあり、家族ぐるみで交流できるのがとても楽しみだ。これが、G1サミットに家族の参加を設計する上での一つの参考になった」

日本を支える各分野のトップランナーたちが、互いの知見に触れ、親睦を深め、そのネットワークが広がって家族へも伝播します。このような家族ぐるみで学び合えるカンファレンスの旅は、長期休暇が取りにくい日本社会において、仕事と家族旅行を兼ねた豊かな旅のポテンシャルも秘めているとG1に参加する度に感じています。

最高級の時をアウトプットするバックヤードの機動力

この学び多きカンファレンスを一手に支えるのが、G1事務局。500人を超えるVIPや社長クラスの大移動を滞りなく行うために、企画、案内状の送付に始まり、申し込みの受付、会場到着までのすべてのロジスティックスを、15名のスタッフが1年かけて綿密に計画し、アシストします。

「G1事務局にもよく話しているのは、VIPの方に対して、普段の感覚でよいと思っていただけるだろうということをやったのでは、満足いただけないということ。彼らがすでに世界で見てきている最高級のものと変わらないレベルのものを提供できなければならない」と堀氏は言います。


サミットの準備は、1年前の会場選びから始まり、準備の作業は大きく分けてプログラムやコンテンツの企画と、ロジスティックスを詰めることの2点。

「コンテンツに関しては、ルーティン化できる部分があまりありません。飽きさせないということを大事にしているので、毎回新しい楽しさを提供するために頭を悩ませています。堀の楽しいと思うことと参加者の意向、会場とスタッフの都合、そして我々実行部隊、その他関係者全体の最適解を常に探っています。たとえば先の沖縄でのフェスでは、堀がこだわったステージと参加者の距離を極力縮めることを実現しつつ、同時にホテルの営業に支障をきたさないようにするためには、一日にプールの水を2回入れ替えなければなりませんでした。毎回毎回これは譲れないという堀のクリティカルなこだわりをいかに担保し、過度な負担にならない範囲でその場の価値を高めながら実現させせるかということ

を考えています」（我謝氏）

ロジスティックスについても、マニュアルやルーティーンはあまりなく、「常に相手の立場に立って徹底的に考えること」をモットーに、スタッフ各自が主体的に動いています。一人一人が参加者側に立って「この方が空港に着いて出て来たときに、ここにこのサインがないと迷うだろうな。だったらここに旗が必要だね」「サインや掲示ができないなら、ここにスタッフが立とうか」などシミュレーションし、当日無駄な時間を生じさせないよう最適化を図っています。

サミット開会に先立って、日本中から集まる参加メンバー一人一人を、ホスト役の堀氏自ら会場前に立って出迎えます。開会直前の忙しい中、専用バスはもとより空港送迎バスを含むすべての到着バスにあわせて入り口に立ち、出迎えることが参加者の迎え入れられているという気持ちを高め、意識をＧ１モードに切り替えることにも一役買っています。

また、カンファレンスの始まりから終わりまでの3～4日間は、総勢40名のスタッフがチェックインから会場の案内、セッションの運営から荷物管理に至るまでを丁寧かつきびきびと誘導します。このどこの旅行会社やホテルの運営でも体験したことのない、気持ちのよい、隙のないスタッフの対応は、各自の高い意識から生み出されています。

苦労と思わず、スタッフ自身もＧ１を楽しむ

このような精度の高い運営の屋台骨となる「Ｇ１事務局ＷＡＹ」なるものがあります。「ＡＢＣ ＦＲＥＳＨ！」と呼ばれるもので、Ｇ１事務局スタッフ一人一人の意見や提案を吸い上げ、スタッフ全員で言語化した方針なのだそうです。

Acuracy & Efficiency　全体を俯瞰して優先順位を意識し、効率を追求する
Big Picture　G1のビジョンを常に意識する
Cooperation　お互いが協力し合い、チームの力を最大化する
Fun & Passion　何事も楽しみ、情熱を持って取り組む
Responsibility　圧倒的な当事者意識を持つ
Self-Development　向上心を持ち、すべてのことから謙虚に学び続ける
Hospitality　常に相手の立場に立つ

それまでは、スタッフ同士の阿吽の呼吸で仕事に当たってきましたが、Ｇ１事務局とし

て大事にする姿勢を明示することで、15名のスタッフ一人一人が体現するようなチームにしようという機運がスタッフ間で高まり、よりマインドが統一できたのだそうです。

サミットの期間中、40名のスタッフは、早朝6時から深夜12時までの動きが15分刻みで記された時刻表のようなシフト表に従って行動します。

「そのような考えで動ける人材の採用は、チームワークとビジョンへの共鳴がキー。能力的には論理思考力、コミュニケーション力、計画力、調整し切る力のポテンシャルを見極めるようにしています。また素直さ、謙虚さ、ストレス耐性、当事者意識、チームワークスキルといった人柄・資質やおもてなしの心（ホスピタリティ）も重要視しています」

最後に我謝氏に「苦労話は？」と聞くと「あはは、特にあるかな？　私たち自身が楽しむことも大事だと思っています」

これまで見てきたデスティネーション同様、創設者やGMなどのリーダーが夢と強い志を掲げて自らも人生を楽しむことが、スタッフやサービスを享受するゲストへも伝播し、生き生きと動けるスタッフの育成に繋がります。日本ではホテルやリゾートなどの宿泊施設も団体も企業や組織で作られることが多いため、リーダーの熱意や求心力が欠けていることで単なる箱や組織になってしまい、スタッフをも高揚させるワクワク感を与えられていないところが多いと聞きます。

刺激を受けた仲間との貴重な出会いと交流の機会

サミットの終わりに集めるアンケートからも、「刺激をもらって仕事にも生き方にも元気が出た」「常日頃の疑問や問題意識を友人と共有し、解決の糸口が見つけられた時間でした」などと、参加者が自分が高まったと感じていることが伝わってきます。さらに、「有益な時間に心から感謝し、行動します！」や「この場の議論を具体的な行動に自ら繋げたいと思います」などの意見に見られるように、G1での時間は、第1章で触れた「旅行後の自分に変化を起こし、自身を進化させるTT（変容の旅）」となっています。

このように刺激を受けられる人やコミュニティとの出会いにトラベラーが最も大きな価値を見出していることが、旅行メディアの調査にも表れています。「スキフト」が2018年に500人を対象に行った「旅が自分を変容させた外的要因は何か？」という調査では、**表2**のように「旅で出会った人たち」がトップに挙がっています。第5章のブライアンも、人と会うためだけに旅をすると言っていますが、自分を変容する旅には、素晴らしい景色やアクティビティよりも刺激を受け、心を満たす人との出会いが多くのトラベラーにとって最も重要な要素になっています。

このように会いたい人同士を繋げる、新たな価値を生み出す出会いの場を提供できることは、ハイエンドトラベラーに対し、素晴らしい景色や意外性に満ちた冒険、文化的体験などをも超えるインパクトを与えています。

一人で何人分もの人生を生きているのではないかと感じるほどエネルギッシュな堀氏は、「あとは楽しい人生を歩みたい」と屈託なく笑います。「人生１００年時代になっていて、70代、80代でもスノーボードをやっていたいという気持ちが持てるし、80代、90代になっても泳いでいたい。これまでずっと続けている楽しいことを継続できるといいなと思っている」

好奇心を持ち続け、失敗は学びの機会としてポジティブに受け入れ、自分を成長させる機会として捉える。そして人を楽しませるためにも、自分自身が人生を楽しむ。その心意気

[表2] 旅が自分を変容させた外的要因は何か？（上位2つを選択）

出典：スキフト『The-Rise-of-Transformative-Travel』2018

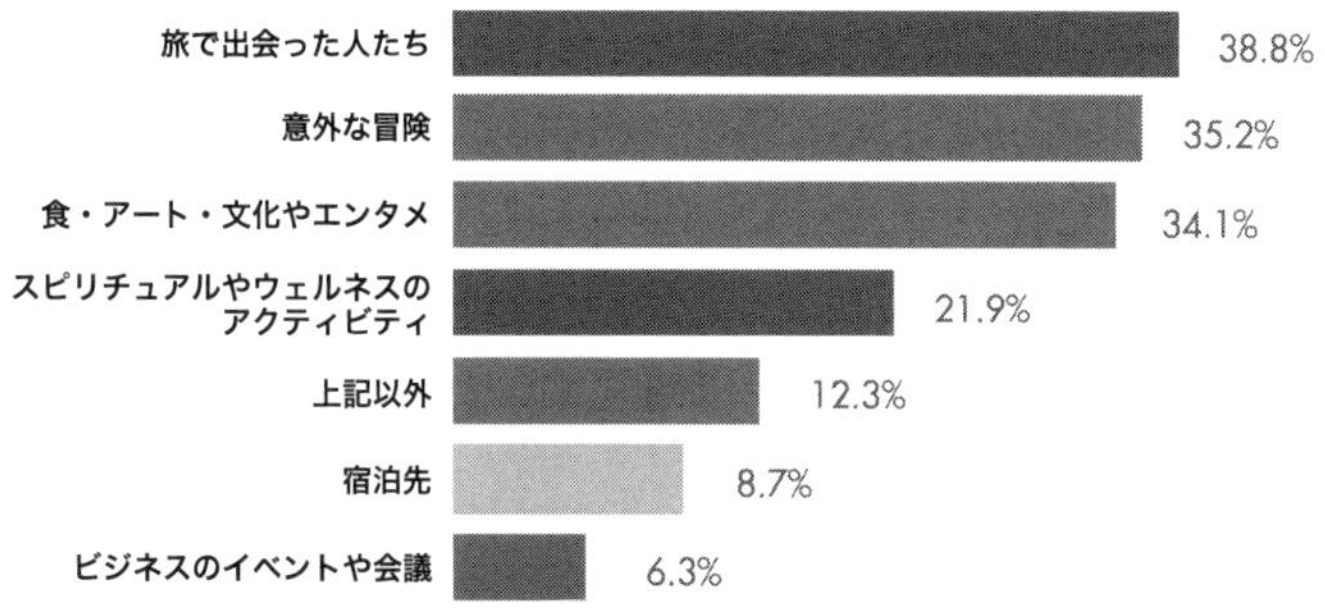

が他の人の心を揺さぶり、感動を呼ぶ特別体験を提供する原点なのです。

G1に学ぶハイエンドな価値創造の極意

1 志を同じくする同志を集め、コアなコミュニティを作る
2 各分野の最先端の考えや楽しみ方になるべく多く触れ、アップデートする
3 自分が楽しんだ理由を分析（楽しさを科学）し、自分なりの方法論で提供する
4 家族やフォロワーを巻き込んで志や熱気を伝播し、より大きなムーブメントにする
5 ロジスティックスにこだわり、事務局のオペレーションを最大限スムーズにする

第7章　都市の競争力を磨くアートコミュニケーション

URBAN
CABIN
KAMAKURA
JAPAN

第7章では、「都市」の競争力を高めるハイエンドな「空間体験」コンセプトを提案していきたいと思います。その前にお聞きしますが、皆さんはご自身のお仕事が都市の魅力を高めたり、世界中からイノベーティブでクリエイティブな人材を引き付ける競争力に繋がっているということを意識されていますか？　21世紀は、人類史上で初めて都市人口が農村人口を上回った「都市の世紀」です。都市というものについての捉え方、魅力や価値の高め方が、新たな経済発展を生み出します。

都市は農村と異なり、生きていくのに必要でない、ある意味無駄なものもある場所です。その意味で、最も都市らしい「無駄なもの」と思えるものの一つが「アート」です。アートは富と権力の象徴として使われ、飾られ、大事に伝承されてきました。

21世紀に入って都市がメガシティ化し、都市間の競争力が国の力に影響を及ぼし、都市の生産性を高める知恵を持つ人やビジョナリーを惹きつけなくてはならない時代になりました。異国を訪れることが容易になった現代では、外国からの訪問者によるサービスやモノの購入が経済発展の鍵を握っています。そうした中、ロンドンもニューヨークも香港も「アート」という分野で世界の覇権を握り、アートで人を集めるべく鎬を削っています。

つまり、観光を次の産業として位置付けるだけでなく、世界中から創造的な人やアイディ

＊参考文献：『巨大アートビジネスの裏側』石坂泰章著（2016年　文春新書）、『巨大化する現代アートビジネス』ダニエル・グラネ、カトリーヌ・ラムール著（2016年　紀伊國屋書店）

アを集める手段として、文化芸術をしたたかにビジネス化しているのです。

このような都市の競争力を高める際に非常に大事なのが「空間体験」、そしてそこで行われる「コミュニケーション」です。アーバン・キャビンは、後述の「市中の山居」を原点とした「新たな繋がりを生み出す能力＝イノベーション」を伸ばす思考法、時空間体験の提供法です。80年代にアメリカで盛んになった「ニューエイジ思想」を市中の山居に足して、「市中」を「アーバン（Urban）」、「山居」を「キャビン（Cabin）」にバージョンアップさせたものがアーバン・キャビンです。

ニューエイジ思想とは、物質社会に警鐘を鳴らすべく20世紀後半に現れた意識改革運動です。シリコンバレーに代表される個人のクリエイティビティを喚起し、新たな地球意識を掲げ、社会を変えるテクノロジーを生み出す原動力の一つです。たとえば30年前の世界の株式時価総額トップはＮＴＴ、日本興業銀行、住友・富士銀行でしたが、30年後の今はＧＡＦＡ（Google/Apple/Facebook/Amazon）に入れ替わっています。このＧＡＦＡを生み出したのは、ニューエイジ思想の揺籃となったカウンターカルチャーでした。

これまで本書で取り上げてきたデスティネーションも、それぞれがアーバン・キャビンと言えます。ミー・ロンドンやアッパー・ハウスでの滞在が人々のロンドンや香港での滞

＊参考文献：『ニューエイジブック』C+Fコミュニケーションズ著（1987年　フォー・ユー）

在を豊かなものにし、ダラ・デヴィやALIに行ったついでにチェンマイの街に足を運ぶ。あるいは、どうしてもニヒワトゥに滞在したくてデンパサールにも寄る、というように、魅力的なデスティネーションの存在が都市の競争力を高めています。

「空間体験」の魅力を高めることが都市に必須

都市はさまざまな「空間体験」から成り立っています。そこで暮らし、働く人のスタイルを空間が決め、またその逆も然り。つまり、空間が都市の独自性を生み出しています。旅においても、空港での時間、移動、ホテル、店、レストラン、美術館や公園を訪れることも、あるいは、ものを買う、寝るなどの行為もすべてその空間を体験することです。通常、旅とは日常を脱し、遠くへ赴くことですが、たとえ自分が住んでいる街の中でも、レストランに行ったり買い物に行く行為は、家とは異なる空間でそこでのコンテンツを体験するという旅です。さらに通勤という移動でさえ、捉えようによっては一つの短い旅といえましょう。旅の語源のように、行かなければならない拷問の旅かもしれませんが。

ところが、多くの場合、ホテルや旅館、レストランなどでの体験は、空間体験どころか、ただその空間にいるというだけになってしまっています。

兼好法師は『徒然草』の中で「いづくにもあれ、しばし旅だちたるこそ、目さむる心地すれ」と、場所はどこであれ、しばらく旅に出ると目の覚める心地になると記しています。私はこれまで、空間体験を「目の覚める心地」にすべく、旅における色々な体験を通じて学んできました。そして、空間体験を高める力は都市を構成するすべての人にとって必須のスキルだと考えるようになりました。より快適で魅力ある空間にすることは、都市の魅力を高め、よい人材を惹きつけ、その国の経済力を強くするのですから。

空間を生み出し、活性化するのは人。空間体験の感度を高め、人と人を繋げるコミュニケーション力のある人こそが、これからの都市を活性化します。第4章のミー・ロンドンでは、空間力のあるオーラマネージャーがホテル全体のオーラを統括し、アンビエンスを表現する空間セットアップのリーダーとなっているように、世界のエリートを迎える所は空間力を高める努力を怠っていません。

これまで訪れたホテルやリゾートも、それぞれに皆ハイエンドで素晴らしかったのですが、もてなしに際し、空間を構成する家具、器などモノに対する意識は残念ながら高くありませんでした。特にアートについての感度が高いところはほとんどありませんでした。

たとえば、上海のかっこいいデザインホテルのダイニングで食事をしていた時のことで

＊参考文献：『キュレーションの方法』ハンス・ウルリッヒ・オブリスト著（2018年　河出書房新社）

す。イギリス製のスーツをピシッと着こなしたフランス人の飲食マネージャーは、メニューやワインのセレクションについては楽しく話せましたが、そこに飾られていたアンティークや内装の話になるとまったく興味がない風で、会話が成立しませんでした。こうした経験から、もてなしの世界でさえ空間体験についての方法論がないのではと感じています。

美を使って世界をデザインする

時代はぐっと遡ります。日本で最も上手に「美」が持つ力を権力のために生かした人物は織田信長でしょう。その最高傑作は、安土城を中核とする安土という都市です。キリスト教の「神」という絶対的存在を知った信長は、人民を統治するには人民を超えるものが必要であると考え、それまで日本になかった一神教的な「神」に匹敵するような「美」を使って世界をデザインしようとしました。金紗のマントを羽織り、ビロードの椅子に座って天皇を前にパレードに臨んだり、日本は息子に任せて自らは世界制覇を視野に北京に住む構想を持つなど、グローバルな意識と野望を持っていました。真善美を一つにしたキリスト教的「神」観でつくった安土は、美しく荘厳な都市だったのではないでしょうか。

近年は、美の価値を意識していないリーダーが多いように思えます。政治経済のリー

＊参考文献：『戦国日本と大航海時代』平川新著（2018年　中公新書）

ダーはＭＢＡは学んでいても、世界をデザインするための真善美の学びは少ないようです。分野が細分化され、専門化が進み、他分野に関心を持たない人が増える中で、改めて全体性を回復し、さまざまな分野についての関心、教養、知見を深めることが必要だとアーバン・キャビン・インスティテュートでは考えています。そこで、この章では「アーバン・キャビン・インスピレーション」というデジタルとアナログの両立を目指したプログラムの特別版である「アーバン・キャビン・ビジョナリー」を例に、時空間体験の提供法を提案していきたいと思います。時空間体験とは、そこでどのような時間を過ごして欲しいかがイメージされていて、そのイメージをもとに設計されている空間での体験のことです。また、すぐれた人材が集まると場のエネルギーが高まる、それが時空間力です。

アーバン・キャビン・インスティテュートは、日本建築の枠の中を旅するように思索しながら、アート、デザイン、ファッション、文学、哲学、テクノロジーなどの融合を学び合っていく、今までにないリベラルアーツスクールです。ここでは、デジタル時代の知性を洗練させるアーバン・キャビンという考え方、生き方、空間での身体意識、時空間力を高める方法の教授とコンサルティング、そして都市人向けの洗練された時空間体験の研究を行っています。

＊参考文献：『世界のエリートはなぜ「美意識」を鍛えるのか？　経営における「アート」と「サイエンス」』（山口周著　2017年　光文社）

新たな思考に至る時空間体験

ふだんは別のコミュニティに属し、出会うことのないグローバルリーダーたちが集い、自分を見つめて思索共感し、学び合い、磨き合う。そして繋がり合って、高め合って、たくさんの未来像を提示し、新たな思考へ至り、新たなグループを生み出す。そのような時空間をデザインしているのがアーバン・キャビン・インスピレーションです。

20世紀を代表する都市建築家であるルイス・カーンが「建築とは〈なかにいる〉ことができる芸術」と述べています。アーバン・キャビン・インスピレーションでは、山田長光が作った力《りき》囲《い》軒《けん》を中心に、先代夫妻が日本建築の粋をきわめて作り上げた数寄屋空間を旅するように移動し、アートに触れながら学びを体験します。

この構成のベースとなっているのが、江戸初期に確立した「茶事」という、露地・炭・懐石・濃茶・薄茶の場面を約4時間かけて楽しむ、和的ライフスタイルの根本ともいえる日本の正式なもてなしです。部屋から部屋へ移動することで空間的な繋がりを変え、時代、国、様式の異なるアート、デザインなどに触れます。食事をとり、食について考えることで、その空間に存在する人の思考の幅、時間軸、生活力、世界観を広げます。人間の

＊参考文献：『名建築は体験が９割』（ロバート・マッカーター著　2018年　エクスナレッジ）

集中は長くは続かないため、緊張と解放というメリハリを利かせて場面転換を行い、体験・体感を禅でいう「動中の工夫」になるように誘導します。

中でもクライマックスとなる力囲軒は、１００年前の古民家を石川県の加賀から鎌倉へ移築し、山田長光が10代から集めてきた家具やアートを配置、２年の歳月をかけて作り上げた我が家であり、社交空間です。ところが２０１４年の正月に、自然発生の火事が起こりました。私と子ども二人は命からがら2階から救出されました。

深い愛着がある大事な空間が焼けてしまったわけですが、不思議と悲壮感はなく、すがすがしくさえ感じられたのは、新たな美が持つ力なのでしょうか。お見舞いにいらした方々からも一様に「不謹慎かもしれませんが……美しいですね」との感想をいただくこともあり、空間プロデューサーのシー・ユー・チェン氏からは「この姿はアートだ。他のどこにもないホテルとして活用し、残すべきだ。世界中から人が来る場所になる」との助言を受けました。そこで、手始めに焼け跡を体験するイベントを行ったところ、次のような感想をいただきました。

「焼け跡の中にある『生』を感じて、なぜか心が穏やかになりました。不思議です」

「焼け跡から強く感じたのは、はかなさや脆さよりも強さでした。伝統の技術、良質な木材、焼けてしまった跡も生かそうとする山田家の人々の意識が、焼けた家を美しい姿に変えていると感じました。空間とモノの両方から新しい意識の変化がありました。この焼け跡が自然の中にあることで、さらに感覚が敏感になっている気がします」

このような思いがけない感想をいただいたことが、アーバン・キャビン・インスピレーションや特別版のビジョナリープログラムを考えたり、トークイベントを行うきっかけとなりました。

それではここで、リーダーが自分を見つめ、未来を思考するアーバン・キャビン・ビジョナリーを、流れに沿ってご紹介しましょう。

起――自分の課題に気づく（ガイダンスと対話）

プログラムの冒頭には、参加者の抱えている課題とビジョンについてお聞きします。国籍にかかわらず、多くの方が「日々やらなければいけないことに追われて、常に急かされている気がしている」「心を落ち着けたい」という課題を投げかけます。

承――身体知という日本的知性を高める（WabiYoga）

＊参考文献：『ふたたび世界で勝つために　グローバルリーダーの条件』ドミニク・テュルパン、高津尚志著（2015年　日本経済新聞出版社）

デジタル化の進展は、社会の変化だけでなく、姿勢の悪さ、関節の硬さ、脳や目の疲れ、緊張という心身への問題を起こします。

ワビ・ヨガ（WabiYoga®）は、デジタル化が引き起こすさまざまな課題解決として、また新しい精神文化への入り口として、禅、茶道、座敷舞などの道に共通する丹田を使った身体の動かし方に、タイの古武術、キックボクシングなどからもヒントを得、長光と私で考案したものです。他のヨガが静かに自己を見つめるのに対し、ワビ・ヨガはペアでトレーニングしながらコミュニケーションを図ること、そして脳機能の活性化を図り、関節の老廃物を流すことが特徴です。「ヨガ」という言葉は「繋がる」という意味を持っており、自分の内面、パートナー、地球と繋がることを意識していきます。「侘び」は他者へ敬意を表する心。よい姿勢を保つことを意識することで、ALIでも醸成していたリーダーに必要な「誠実さ」を磨きます。

ワビ・ヨガを終えた時点で多くの方がリラックスして表情が和らぎ、姿勢が整います。深呼吸をして周りの人や地球と波動を合わせ、脳に酸素を送り込んで活性化することで、それまで見えなかったものが見えるようになってきます。身体と呼吸が整うと心が落ち着き、落ち着いた心は物事を捉える力を研ぎ澄ましてくれます。最後に背筋を伸ばして正座をし、黒砂糖で脳にエネルギーを補給した後、抹茶で心身をデトックスします。また、日

＊参考文献：『Fully Present：The Science, Art, and Practice of Mindfulness』Susan L. Smalley、Diana Winston著（2010年　Da Capo Lifelong Books）

本人の美術品鑑賞の根本である床の間飾りを鑑賞し、床の間の意義について考え、読み込む力、美を見る力を高めます。

転――眠っていた感覚を刺激する（ウォーキング禅）

ワビ・ヨガで参加者同士の関係性も深まったところで、移動を始めます。場面が変わるごとに見えるもの、感じるものが変わり、歩いているうちに雑念が消えていきます。参会者がどのように行間を読み、感じ、消化しているかをお互いから学びます。

胎内くぐりのように古民家に潜って入ると、戸が閉められます。緊張の中、焼けた後の死んだ空間で目を閉じ、深呼吸をして、死から生への再生を感じます。アナログ空間の中でデジタルアートが眠っていた感覚を刺激します。

歩くことに感覚を集中し、呼吸を意識して階段を上がっていくと、そこには新たな世界が広がり、集中していた意識が解放されます。焼けても残り続ける古民家の材と技術と構造の力と対話する人、生活の跡を感じる人。時間を想う人、細部に興味を示す人、ざっと見てすぐ階段を下りる人。配置に何を見、感じ、受け入れるのか拒否するのかは、人それぞれです。ポロっと溢れる心からの言葉、感じる心を高めるために、ここまでの長い道のりがあります。

気分転換、場面転換として、そして参会者と交流を深めるためにカクテルタイムを用意しています。そして、食の大切さについて考えながら食事を共にし、語り合います。要望に応じて、最後に茶席を用意することもできます。

戸を閉じて情報を断ち、己の感受性や気づきに耳を澄まします。正座に耐えながら肩書を忘れ、日常の行為を見つめなおし、自分の身体、心と向き合います。同じ所作を無言で行い、互いに表情や仕草、距離感や気配を読みとりながら、非言語コミュニケーション力を高めます。このような緊張と解放を繰り返すことによって、普段抱えている重荷や無意識の緊張などが抜け、とてもよい表情になります。

結――非言語コミュニケーション力を高める（ファシリテーション）

3時間を超える濃密な時空間体験を通して得られたもの、解決できたものは何でしょうか？　場面ごとに変わった感覚はどのようなものだったでしょう？　参会者同士の関係がどう変化し、何を学び合ったのでしょうか？　目を閉じてこれらをゆったりと振り返ります。静かで薄暗く設定された空間に身を置き、深呼吸してやわらかくなった脳が見る世界を最後に山田長光がファシリテートします。

＊参考文献：『直感力を高める　数学脳のつくりかた』バーバラ・オークリー著（2016年河出書房新社）

アーバン・キャビン・ビジョナリー（Urban Cabin Visionary）

1 ガイダンス、自己紹介

抹茶でデトックス

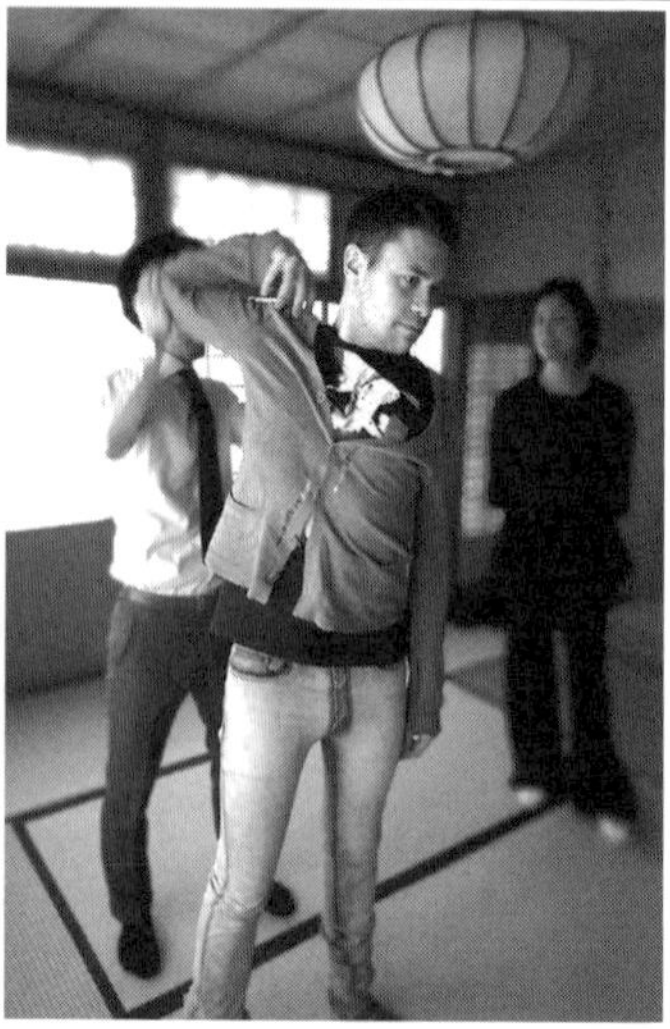

2 WabiYoga

4 空間を感じ、アートと対話

3 自分の心身と向き合うウォーキング禅

5 カクテル

6 ファシリテート

「市中の山居」という美術品、アートを主にした空間

ここで、アーバン・キャビンの原点である「市中の山居」についてお話ししましょう。「市中の山居」とは室町時代、堺の町衆や京都・奈良の上流階級が、日常の瑣事や都市の喧騒から逃れてリフレッシュするための隠れ家のことです。貿易によって巨万の富を築いた堺の町衆は、多忙な都市生活から離れ、心を無にし、精神を高める空間が欲しいと、農山村の素朴な民家に注目しました。都市である「市中」と、農山村の住まいである「山居」。あえて粗末に見える簡素な小屋を財を投じて都市の中に作り、この対極的なものを組み合わせ、禅の僧堂という意味合いも持たせて閑寂の境地を楽しむことが、最高の贅沢だったのです。豪華な貴族の家でなく、素朴な田舎家こそがハイエンドという日本独特の価値の大転換です。ハイエンドな空間というと、金銀や大理石を使った豪奢な空間が世界の常です。それに対し、お金をかけてあえて粗末に見える小空間を作るという美意識は、精神的・経済的余裕があってこそ至ることができる知と洗練の極みであり、ハイエンドな「道楽・アソビ」といえるでしょう。

今では「市中の山居」というと、茶会を行う空間を指すようになりました。しかし元々

はこのようにもっと広いコンセプトで、室町時代の公家や豪商の中でも先進的な人たちが、ネットワーキングのプラットホームとして始めた社交空間だったのです。そこには激しい競争社会の中で閑寂な雰囲気を味わい、貴重な美術品に触れながら隠遁的な趣に身を置いて心落ち着けるという、現代にはない美意識を磨く、自由の境地がありました。

無味乾燥な新興都市に魅力を加えた「市中の山居」

室町時代に日本を訪れたポルトガル人の宣教師が「市中の山居」でもてなされた様子が『キリシタンと茶道』（西村貞著／全国書房）に記されています。そこには、粗末な小屋で粗末なものでもてなす「市中の山居」が日本で流行している様が描かれていると同時に、「市中の山居は粗末だけれども、とても清潔で美しさがあった」と記されています。権勢を示すため、きらびやかな空間で豪華な衣装や豪勢なご馳走でもてなすのが世界の主流である中で、日本の一見粗末な空間でもてなす文化には大きな驚きがあったようです。

また、「市中の山居」が作られた時代背景を次のように描写しています。

「豪商たちが街中に溢れる活気ある都市生活を謳歌し、豪華な住居で生活する一方で、自ら得た富をもってして、別の数寄者としての面目をもって、別の住環境を創造しようとした。当時の堺衆は、それを可能にする巨大な富を蓄え、国際的な感覚を磨き、自由の気風を育んでいたのであった。それは当時、無味乾燥な新興都市に過ぎなかった堺の住環境に、新しい魅力を付け加えることになったのである」

その後も、日本では金銀を使ったきらびやかなものでなく、「市中の山居」というもてなし空間が主流となり、このコンセプトからのちに数寄屋が生まれ、昭和まで続いて、堀口捨己、吉田五十八、丹下健三、坂倉準三などのモダン建築の作風にも受け継がれていま す。このように、「市中の山居」には美術品を介したもてなしや交流の仕掛け、そして自己の内面と向き合う精神修養の場という二つの機能がありました。

そして、平成になって急激なグローバル化が進み、大手メディアがトレンディードラマなどを通じてこぞって西洋的なライフスタイルを広めたことで、憧れの空間がモダン住宅になり、数寄屋造りという「市中の山居」は忘れられていったのです。

アマングループの原点は日本の空間力

少ない客室数で洗練されたサービスを提供するラグジュアリーホテル・グループ、アマンリゾーツは、「市中の山居」の流れにある箱根の旅館から発想を得たといわれています。

なぜ箱根だったのでしょうか？

大正の初め、三井財閥の大番頭で大茶人、そして英語に堪能な国際人であった益田孝は箱根に居を構え、大正天皇も行幸されるなど、各界の貴人をお招きしていました。益田が仕えた三井家をはじめ、多くの財界人を箱根に集め、茶の湯と美術でもてなし、コミュニケーションの場としてビジネスにも生かしていました。このようなリーダーたちは、平安時代の仏教美術や中国南宋の掛け軸や焼き物、桃山時代の茶道具など古美術を好み（好き）、数を寄せたことから「数寄者（すきしゃ）」と呼ばれています。現在では、三井家の別荘が「翠松園」という旅館として遺っているくらいです。小間という小さい茶室で美術品を愛で、吟味した料理でもてなす数寄者の文化が、周辺の旅館にも影響を与え、それがモデルになってアマンをはじめとするモダンアジアンリゾートの流行に繋がりました。

キャビンが人を心地よいと感じさせる例として、バリ島に１９６２年にオープンした老舗ホテル、タンジュン・サリがあります。魅力的な風貌に映画監督、インテリアデザイナー、アートコレクター、アンティークディーラー、建築家でバリ文化の学者など、複数の顔を持っていた創業者とイギリス人妻の創業者夫妻が、世界を旅して自分好みの別荘、そして友人用にキャビンのようなヴィラを作ったところ、それが受けてジョン・レノン夫妻やミック・ジャガーなどのセレブリティが訪れるようになり、ヴィラ様式がバリで広がることになります。ビーチに面し、美しい庭があってアンティークの扉やこだわった意匠の窓枠など、エキゾチックでバリらしい、西洋人のライフスタイルにも合った伝統木造建築のヴィラは、小さいけれども使い勝手がとても工夫されていて、静謐でこじんまりしていてもてなしにも温かみがあります。

残念ながら日本では、小間や離れでのもてなしをアマンのように魅力的に発展させることができず、ラグジュアリーホテル文化に関しては西洋、香港の後塵を拝しています。あるいは逆に、旅館がモダンホテルを真似て、中途半端に西洋化した内装に変えているところも多く見られます。日本が本来得意としてきた力を磨くために、アーバン・キャビン・インスティテュートではオーラマネージャーを育て、新たなハイエンド・ホスピタリティを日本から発信し、世界の標準とすることに貢献したいと思っています。

見えない本質を掴む感覚力を醸成するコミュニケーション

このように都市の魅力を作り出し、ハイエンドトラベラーでもあるグローバルリーダーをとりまく社会状況について、コミュニケーション戦略の専門家であるフライシュマン・

ヒラード・ジャパンの田中慎一社長は、次のように述べています。

「今後、グローバル化の中で、変化のスピードはますます加速する。さまざまな事象や風景が目の前を飛び交う時代になる。デジタル・ネット化社会が進む中でいつでも、どこでも、誰でも、情報を手に入れられ、発信できるようになった。結果、いい意味でも悪い意味でも、意図しても意図せずとも、人と世界はどんどん繋がっていく。繋がりはチャンスにもなるが、リスクにもなる。どのような繋がりを持つかが、その人の人生を決めていく。そこで自分、あるいはビジネスのしっかりとした立ち位置を作れないと、己やビジネスの存在価値が希薄化する。この急速に広がっていく『繋がり』をリスクではなく、チャンスに変えることが、あらゆるビジネスをやっていく人にとって必要不可欠になる」

また、田中氏はアーバン・キャビンのプログラムを10年以上にわたって受けている経験から、このような時代にこそアーバン・キャビンの哲学が求められていると主張します。「ビジネスパーソンにとって、自分の受信力（認識力）を高めることが、したたかな立ち位置をつくる『要諦』になる。目の前で起こるさまざまな事象を自分の五感、さらには六感をもフルに生かしながら、『自分にしか見えない』事象の本質をつかむ。この感覚力を磨くことが肝要。ところが、感覚力を鈍らせる最大の敵が自分の偏見、好き嫌い、思い込み、いわゆる煩悩である。まず自分との絶え間ない対話を通じて自分を『ゼロ』にする。仏教でいう『空』の境地だ。自分をゼロにするということは、感覚を融通無碍、自由自在に動かすことである。すると見えない本質が見えてくる。『市中の山居』の価値は、田舎でなく都会の中に『山居』という創造空間をつくり、その中であらゆる感覚を研ぎ澄ますことである。その創造空間内での、一定の洗練されたプロセスを通じて自分と対話し、相手との対話に備えることが、これからのビジネスリーダーにはとても有用だ」

この田中氏の見方は、第5章でブライアンが提唱している「自分を思い込みから解放し、直感力を研ぎ澄ますこと」にも通じます。

「自分をゼロにすることを仏教では『空』といい、何事にも囚われない境地を示す。般若心経の『色即是空空即是色』の『色』は目に見える事象。『色即是空』とは事象に心が囚われない。『空即是色』は事象の本質を掴む。変化の加速によってますます人は事象（色）に囚われ、惑わされ、そのどんどん強くなっていく波に流されていく。『空』を感覚することが、グローバル化という激変の時代を生き抜き、立ち位置をつくるために重要になる。この『空』の考え方を養成するのが、アーバン・キャビンのような時空間だと思う」

一体感と繋がりを醸成する知的創造のプロセス

また、アーバン・キャビンでのコミュニケーションは、議論がかみ合い、増幅すると田中氏は分析しています。

「アーバン・キャビンという場は、自分ひとりの感覚を研ぎ澄ますだけではない。一定の時間とプロセスを、非日常的空間で共に体験することによって、参加した人々全員のグループとしての感覚を磨く効果もある。アーバン・キャビンの中では、議論がかみ合い、ひとつの意見に対して多様な意見が対立せずに積み上がっていく。結果、想像もしていなかった結論が出る。これは新たな発想がどんどん醸し出されてくる一種の知識創造のプロセスだ」

この自分をゼロにし、相手の意見を積み上げていくコミュニケーションが、2018年の冬季オリンピックで活躍したカーリングの日本女子チームに見られたと田中氏は言います。

「特に印象的だったのが準決勝。面白いことにカーリングの場合、作戦の打ち合わせの声が視聴者にも聞こえる。そこでは『そだねー』に象徴される、日本女子チーム独特の言葉の掛け合いが目立った。特徴は、ひとつの意見に対する『対立』が一切存在しなかったこと。相手の意見を肯定した上で、自分の意見を乗せていくという対話手法だ」

対するイギリスチームは、意見の対立が目立ったと田中氏は指摘します。

「意見を乗せていくことができる日本チームの対話手法の根底には、チームメンバーの意識の中に『相手を否定しない発想』が存在する。言い換えると、自分を『ゼロ』にする感度である。アーバン・キャビンでの時空間体験のあとでの参加メンバー間でのグループ議論は、単なる足し算ではなく、倍増する掛け算の相乗効果が期待できる」

このように一体感と繋がりを醸成するコミュニケーションが、アーバン・キャビンで行っているチームビルディングや企業の幹部研修プログラムでも生まれています。

ひらめきを起こすきっかけ

もう一つ、これまでさまざまなグローバルリーダーやハイエンドトラベラーをアーバン・キャビンにお迎えしてきた経験から感じていることが、「ひらめき」を起こすきっかけとしての役割です。リーダーにとってひらめくことは、変化の時代を切り開くのに欠かせない能力です。科学的にはこの「ひらめき」が起きる時というのは、脳内の広い領域が一斉に活動している状態になっている時なのだそうです。それと同じような状態に近づける方法がなんと「ぼーっとすること」なのです。「ぼーっと」している時、私たちの脳は活動をやめているわけではなく、脳の広い領域が活性化しているデフォルト・モード・ネットワークと呼ばれる、不思議な状態にあると言うのです。この状態が無意識のうちに私たちの脳の中に散らばる記憶の断片を繋ぎ合わせ、時に思わぬ「ひらめき」を生み出していくのではないかと言われています。しかも我々は、脳エネルギーの7割ほどを、ぼーっとしている時に使っているのだとか。[*]

これを知った時、「なーんだ、よいアイディアを思いつくには、一生懸命考えずにぼーっとすればいいのか」と拍子抜けしたものです。そういえば、山中伸弥教授による世紀の大発明であるｉＰＳ細胞は、なんとお嬢様をお風呂に入れていらした時にふとひらめいたのだと、Ｇ１サミットでお話しされていたことを思い出しました。

アーバン・キャビンというひらめきを生む仕掛け

日常のルーティーンの中にもひらめきを生む場は点在しますが、外界から隔離され、究極のぼーっとする場として、アーバン・キャビンという時空間体験が有効だとの感想をこれまでの受け入れの中から多数いただいています。

あるＩＴ起業家のグループが訪れた時のことです。申し込みの時点から「多忙を極め

＊参考：NHKスペシャル「人体」“脳”すごいぞ！ひらめきと記憶の正体　2018年2月4日放送

る社長の集まりなので、終了時間を厳守して欲しい」との要望を再三受けていました。

アーバン・キャビンの冒頭では携帯電話をお預かりし、すべての縛りから解放された状態を作ります。しかし、現代のビジネスマンの生命線ともいえる携帯を手放すことは、戦国武将から刀を取り上げるようなもの。参加者の多くが不安げな表情を浮かべていました。

開始早々は、参加者の全身に緊張が走り、眉間にはシワが寄り、殺気立っているようにさえ感じられました。ところが、プログラムが始まってほどなくして彼らに変化が表れました。表情が和らぎ、無意識の抵抗が減り、無心でアーバン・キャビンの流れに身を任せているように感じられたのです。終わり頃には緊張がすっかり解け、しがらみやストレスから解放されたように、ふにゃふにゃの状態になっていました。厳守の終了時間が近づいていたので出口へ案内するも、「もう少しここにいたいなあ」「ここで一日ぼーっとしていたいなあ、昼寝したりしてね」「ここでブレストとかしたら凄いアイディア出てきそうじゃん」などと始まりとは真逆の反応が次々と飛び出し、こちらが拍子抜けしたほどです。

背負ってきた重荷をすっかり下ろし、子どものようなあどけない笑みをたたえた参加者の変貌を目の当たりにし、アーバン・キャビンの果たすべき社会的役割を実感しました。

世界で流行るキャビン文化

「都市」を考える時、そのカウンターとしての「農山村」を考えることが大切です。言い換えると「市中」は富、「山居」は貧になり、そのバランスをとることが経済発展、国土開発には必要な視点です。世界の多くの国で農山村より都市に大きな価値を見出していますが、日本では平安時代から「鄙と都」といわれるように、生産をする農山村と消費する都市のバランスが大事にされてきています。そのような中で、都会人にキャビンが必要だという発想を啓蒙し、農村の暮らしの崇高さを提示しているのが、第3章で紹介したダラ・デヴィです。ダラ・デヴィは農村の暮らしの知恵や技を、講座や体験プログラムのコンテンツとして伝え、建築も華やかな王朝の建築とのどかな田園風景を見事に調和させています。

そして近年は、英語圏を中心にキャビン(Cabin＝山小屋、山居)というスタイルが建築の世界で注目を浴びています。専門の書籍や写真集、デザイン系のインスタグラムなどでもさまざまな事例が散見されます。『Cabin Porn　小屋に暮らす、自然と生きる』(ザック・クライン編/グラフィック社)には、自然を愛し、自分らしく生きることを求めた先に、キャビンという暮らし方を見出した市井の人たちの事例が多数紹介されています。デザイン・建築系のインスタグラムでも3D-printed Cabin（3Dプリンターで作られたキャビン）、建築家が提唱するarchitect's cabinなど、多様なキャビンスタイルが提案されています。

家族や友人と一緒に過ごす時間を増やしたい、ストレス社会から解放されたい、自由な生き方がしたい。このように、本当の「豊かな暮らし」を叶えるきっかけをキャビン＝小屋に見出している人々が多数いて、カウンターカルチャーの流れがキャビンに至っています。

不動産や都市開発も、アーバン・キャビンのような発想で進めることで、経済効率性一辺倒でなく、居住した時の豊かさが生まれると思うのです。UCI創設者の山田長光は言います。「日本発の『市中の山居』をベースとしたアーバン・キャビンのコンセプトが世界に広まり、皆がこれを使ってアナログなコミュニケーションを楽しみ、一瞬一瞬を大事に生きてほしいと願います。もてなしとは非日常空間体験、美的体験です。人間として生きるにあたって、よい空間でよい美術品と対話することによって、魂と直感力を磨き、いいものを食べ、豊かな人と一緒に過ごして自分の身体と心を悦ばせる。そうして明日への活力を養い、Better World Better Futureのためにイノベーティブに生きる。先人が磨いてくれた市中の山居という都市生活感覚と、私が子ども時代に鎌倉で感じたカリフォルニアムーブメントを融合し、アートをスパイスにした潮流を生み出していきたいです」

おわりに　好奇心で開拓するブラグジュアリー・マーケット

BLEISURE
BLUXURY

日本を訪れる外国人観光客の約8割をアジア勢が占める中、客単価の高い欧米人をもっと呼びこむべきとの意見を、インバウンドを巡る議論の場で多く耳にします。「外国人が来ない」「中国人ばかり」「一人当たりの客単価が低い」などと不平を言いつつも、ハイエンドやラグジュアリーという世界には抵抗感を示す。観光や街づくりの中核に関わっている方々にも、そのような意識の方が少なくありません。質の高い観光を目指すと言っていながら、それを求めてやって来る層の世界観を理解する努力を怠るどころか、抵抗をする。それでは矛盾していませんでしょうか?

今、「ブレジャー（bleisure）」や「ブラグジュアリー（bluxury）」という旅のスタイルを表す言葉が、新たなキーワードになってきています。文字通り「business + leisure」「business + luxury」を掛け合わせた造語で、出張に数日の休みを足して、家族やパートナーを呼び寄せ、あるいは友人とともに休暇を過ごすという新たな旅の設計の仕方です。これが今、先進国のビジネスリーダーの休暇スタイルの主流になりつつあるのです。

ひと昔前は、出張と休暇を截然と分けることを企業も求めていましたが、世界のどこにいても連絡が取りやすくなったことや、休暇が取りづらい時代になってきていること、そして社員側からの要望もあり、雇用側もこのような抱き合わせに理解を示すようになってきています。出張の前後は、準備や報告の義務もあり、休暇を付け足すことが難しいケースも多いかもしれません。しかし数日なら、長期休暇を取るよりも時間をやり繰りしやすい可能性が高く、何よりビジネストラベラーにとっては、渡航の時間や費用の節約というメリットがあります。

ブレジャーやブラグジュアリーは、個人の休暇では興味を持つことがなかったであろうデスティネーションに、新たに目を向ける絶好の機会にもなります。長期休暇に加えて、ちょっとした小旅行を楽しむ機会が増えることは、旅行市場の活性化にも繋がります。たとえば、シンガポールでのカンファレンスの後に、水上飛行機でインドネシアの島に渡ったり。あるいは、ヘルシンキからエストニアへはフェリーで2時間程度です。ロンドンからオーロラの見られるアイスランドやモロッコのマラケシュへも、ニューヨークからバハマへも、飛行機で3時間強。鉄道や車なら、ヨーロッパやアジアはさらに選択肢が増えます。島国である日本も、中国や韓国、台湾、フィリピンまで3時間前後の飛行距離にあります。ブレジャーやブラグジュアリーには、交通費が浮いていることから、滞在に比較的お金をかけやすい傾向があり、高単価の旅を提供するポテンシャルがあります。

日本をブレジャーやブラグジュアリーで訪れている客を国籍別に見ると、オーストラリア人を筆頭に、ヨーロッパ、アメリカ人が多くを占めます。これらは、日本がターゲットにしようとしている客単価の高いといわれる人たちです。

初めて日本を訪れる出張客にとっては、ブレジャーやブラグジュアリーは旅先として日本を試すよい機会になります。この「おためし」的な小旅行が充実していれば、次回はもっと長く滞在しよう、あそこへも行ってみようと、彼らをリピート客や長期滞在に向けることができるでしょう。このようなブレジャーやブラグジュアリーでのトラベラー向けのミニ旅行をハイエンド仕様に組み立て、ターゲット層にリーチする方策を考えることは、〈はじめに〉で触れた日本の観光の質を上げることにも繋がるでしょう。そのためには、出張のアシストをする外資系企業の日本法人やＭＩＣＥの主催者、トラベルエージェントなどのステークホルダーが、コミュニケーションを密に取ることが大事になります。

このように、ハイエンドトラベルを強化できれば、観光から経済を活性化することもできるでしょう。日本はミドル層向けのビジネスを得意としていますが、かつてアメリカ市場で人口の61％を占めていたミドル層は、今や半分を切っており、他は収入がそれより上と下の層に分かれていると聞きます。そして、このような流れは、成熟した国では加速していくとも言われています。ハイエンドな付加価値のついたブランドは息が長く、強い競

＊参考文献：『the four GAFA 四騎士が創り変えた世界』スコット・ギャロウェイ著（2018年　東洋経済新報社）

争力を持っていることを、アップルが携帯電話の市場で証明しています。

ハイエンドトラベルは、日本の経済を成長させるチャンスが眠る宝庫です。２０２０年前後にはリッツ・カールトンが日光に、フォーシーズンズが日本橋と沖縄に、エディションが銀座と虎ノ門に、大阪にはＷホテルなどが続々オープンする予定です。このような流れに乗って、東京や大阪、その他の日本の都市に出張にやって来るエグゼクティブたちがブラグジュアリーを考えるときには、近隣国に流れることなく、日本国内を旅し、サービス、モノを購入していただきましょう。

合わせてハイエンドなコンセプト出しやコーディネート、付加価値をつける戦略も進め、日本を「面白いけど、ちょっと変わった、英語が通じない、欧米人には難しいところ」という印象から、「ハイエンドな時間を過ごせる魅力的なデスティネーション」に変えていきましょう。私もそこに少しでも貢献していきたいと考えています。

ハイエンドトラベルは一握りの人たちだけのものでないかというご意見もあるでしょう。しかし、ハイエンドなリーダーたちは、彼らを取り巻く社員やフォロワー、仲間など、大勢に対して大きな影響力を持っています。インフルエンス力のある彼らを日本のファンにする絶好の機会にもなります。〝気配りとマナーのよさ、おもてなしの国〟などと、自分たちの目線で観光の主力要素から外れた強みをアピールするのでなく、訪れるハイエンドトラベラーが感覚的に何を求めているのかという視点に立って、冷静にハイエンドに対応できていないソフト面を洗い出し、そこを強化していくことが成熟への道です。

ラグジュアリーやハイエンドに、なんとなく抵抗を感じるという人もいる一方で、上質なもの、豊かな本物を嫌う人はまずいないでしょう。世界中で芸術・文化を牽引し、支えてきたのは、道楽心を持った権力者や裕福な層です。彼らが上質で美しく、訴えかけるコンセプトを持ったアートに心酔し、支持してきたからこそ、今私たちはその遺産を美術展やギャラリー巡りの中で享受することができます。ハイエンドトラベラーがいるからこそ、本物の高みを提供することを目指し、提供する人が現れ、本書で紹介してきたようなデスティネーションが生まれ、社会に対するさまざまな貢献ができているのです。

そのラグジュアリーという層に対し、西洋人が多面的に、巧みにビジネス展開していることは、本書を通じてお伝えしてきました。「さあ、日本はハイエンドトラベル、やるんですか？　やらないんですか？」と当事者の方々に問いたいです。

ハイエンドな体験を語るときに必ずといっていいほど挙がってくるコンセプトが、〝What Money can't buy〟というものです。〝unique venue（ユニークな場）〟ともいわれる、お金で買えないもの、つまり他にないオンリーワンの体験です。実際には、初めて上陸する無人島でもない限り、実質的なオンリーワンのデスティネーションなどないのですし、そのような特別な体験には相応の謝礼や対価が求められます。お金を払えば誰でも体験できるものではなく、稀少性があり、なかなか行けないところ、なかなかできない珍しい体験が求められている、ということなのです。あるいはそのような珍しいところに、自分たちの独特のスパイスを加えられるということが付加価値になっています。

たとえばＪ‐ＴＥＡＭが過去に受け入れたＭＩＣＥには、あるアメリカ企業による二条城での貸切パーティーやふだん借りられない泉岳寺境内での47Ronins（四十七士）のお祭り、井の頭公園にお寿司の板前さんやフレンチのシェフを呼んで屋台を設置したお花見がありました。それぞれ運営側には涙ぐましい努力と苦労がありましたが、「普段は入れない、貸切ができない」ところを自分たちだけで占有できること。そこに自分たち独自の余興や演出を加えられるということが、ゲストに特注感そして満足感を与えました。

こうした他にないユニークな体験を、世界のハイエンドトラベラーが求めているのに対し、日本のＭＩＣＥ客は、「お金で買える最高級の体験」を求めているという違いがあるとＪ‐ＴＥＡＭのホルト社長は言います。このような感覚的なギャップを理解し、〝自分だったら〞でなく、〝相手は何を求めているか〞に発想を転換しなければなりません。

他にも、SIT（スペシャル・インタレスト・ツアー）と呼ばれる、専門分野に特化したラグジュアリーな旅も盛んになってきています。たとえばバードウォッチング、ガーデンツアー、発掘ツアー、ワイナリーを巡る旅など、特定の関心事に特化した旅もハイエンドトラベルの分野で増加しています。四季があり、自然が豊かな日本に、ハイエンドトラベラーの視点でクリエイティブに旅を設計すれば、思わぬヒット商品が生まれるポテンシャルも秘めています。

さらには、企業が社員を異なる社会に送ってインスピレーションを得るというインセンティブを与える動きも出てきています。ある一定期間、企業が社員にどこか違う文化の国でリモート・ノマドワークの機会を与え、社員のモチベーションを上げるというものです。一昔前は、MBAを取得させることがエリート社員へのサポートでしたが、今は若い世代の価値観が変わり、モノや学歴よりも新しい経験が求められているのだそうです。なぜなら、若い世代はMBAは主流だけど頭が固い、それよりオリジナリティ、ユニークさを選ぶという意識が強いからです。世界のグローバル化により、国や市場を超えて優秀な人材の獲得競争が起きている中で、その会社でどのような面白いワーキングライフができるかが重要視されているのです。５年働いた社員の仕事場を、３ヵ月間日本の東北の田舎に移し、自然の中で日本ならではの環境の中で生活し、働く機会を与えている外資系の企業があります。まだ数は少ないですが、このような動きも広い意味で旅のニーズと捉えてもいいのかもしれません。

オンリーワンの価値を作ろうとするとき、またＳＩＴを考えるときに鍵となるのが「遊び心」です。「ここでそんなことをしちゃうの?」「そんなテーマの旅を組むの?」「そんな素敵なことができるの?」とサプライズがあり、意表を突くアイディアが、オンリーワンの価値を生むのです。そのようなアイディア出しには、「実際に遊んでいる人」が必要です。

ハイエンドトラベルのキラーコンテンツである「食」の世界でも、「日本のトップ50レストランは、間違いなく他のどの国のそれより美味しい。でもちょっと真面目すぎる。世界にはもっと楽しく、心が動かされるチアアップに長けている演出がたくさんある」ということを、「世界ベストレストラン50」の日本評議委員長を務める中村孝則氏から聞きました。味はスペックでないところで豊かさを感じるのがラグジュアリー。味はスペックですので、プレゼンテーションの力、意外性、空間設計力などがラグジュアリーなタッチを作り上げます。

日本で「遊び」というと、とかくふざけた、浅はかな、あるいは不良な、という印象を与えがちですが、ここで私が言いたい「遊び」とは、馬鹿騒ぎでなく、好奇心を持っていろいろな場所やコトに挑戦し、よいものや楽しいことに触れて目を肥やし、多様な人々に出会って感動する経験を重ねるという意味です。それにより、意外な、型破りな新しい発想が生まれるのです。そのような人材を育成するためにも、第1章で申したように、若い世代に広い視野で物事を見るための経験を積む時間を与え、「遊び」の目を豊かにしてほしいと願わずにいられません。旅は遊び心を養う絶好の機会です。

人生は旅、なのですから、毎日を旅するように過ごしませんか？　そうして豊かさや幸せを感じながら生きていきたい。私はそう考え、提案していきたいと思っています。

最後に、この本の執筆にご協力いただいた創設者やGMの皆様、インタビューにご協力くださった方々、意見交換にお付き合いくださったA・T・カーニー日本法人会長の梅澤高明さん、ベアラックス株式会社代表の宮武宏征さん、hiromiyoshiiギャラリー代表の吉井仁実さん、フライシュマン・ヒラード・ジャパンの篠原拓さん、旅の楽しさを教えてくれた両親にも心より感謝いたします。

山田理絵

■著者プロフィール

山田理絵（Rie Yamada）

ラグジュアリー・コンサルタント。Urban Cabin Institute パートナー。
東京生まれ。小学校の一時を中東のパリと言われたベイルート、高校の3年間をハプスブルク王朝の繁栄が残るウィーンのインターナショナルスクールで送り、華麗な社交ライフスタイルに憧れを抱く。ファッションジャーナリストを志して早稲田大学第一文学部に在学中に、ドイツ公共放送（ZDF）でリポーターを務め、1991年にフジテレビジョンに入社。報道記者として、社長室にて主に国際文化プロジェクトの取材や役員の海外の賓客との社交をアシストする。1996年にこの人となら「旅を通して世界を理解する」というライフスタイルを一緒に楽しめそうだと感じ、Urban Cabin Institute創設者の山田長光と結婚。次世代教育に携わる傍ら、Urban Cabin Instituteにて国内外のハイエンドトラベラー向けやリーダーシッププログラムにて講師を務める。また、WabiYoga®を主宰し、インストラクターの養成、ならびにラグジュアリー・プロデューサー、オーラマネージャーの育成にあたっている。
茶道宗徧流11世家元夫人　山田宗里でもある。
鎌倉市教育委員、British School in Tokyo評議員。
著書に『心の内より　きれい数寄』（扶桑社）
Urban Cabin ホームページ　https://www.urbancabin.institute
ラグジュアリーインタビュー（動画）https://youtu.be/3_s4qyzfLgs

■Urban Cabin Institute（UCI）

Urban Cabin Instituteは、デジタル時代の知性を洗練させ、都市の魅力を高めるための教育とプロジェクトを行う、いままでにないリベラルアーツスクールです。

1652年から伝わる山田家固有の日本建築の枠の中を異分野の人と身体意識を高め、招かれて旅するように思索しながら歴史・アート・デザイン・ファッション・文学・哲学・テクノロジー・コミュニケーションについて学び合う、Urban Cabin プログラムを提供しています。

また、都市の空間力を高めるUrbanCabinプロジェクト、時空間力を高めるUrbanCabinのプロデュースとコンサルティングを行っています。

■WabiYoga®

山田家が運営するブランドプログラムの根幹となるヨガです。

デジタル化が引き起こすさまざまな課題解決として、新しい精神文化への入り口として山田長光・理絵夫妻が考案しました。

WabiYoga®は他のヨガなどとは異なり、ペアでトレーニングすることと、脳の負担を軽減し、関節の老廃物を流すことが特徴です。

「ヨガ」は繋がるという意味です。自分の内面、パートナー、地球と繋がるように心身をしなやかに美しく整えていきます。

「わび」は敬意。努力が必要な姿勢を作り保つことで、リーダーに必要な「誠実さ」を磨きます。

グローバルエリートが目指《めざ》すハイエンドトラベル
発想《はっそう》と創造《そうぞう》を生《う》む新《あたら》しい旅《たび》の形《かたち》

2019年6月12日　第1刷発行

著者　山田理絵《やまだりえ》
発行者　渡瀬昌彦
発行所　株式会社　講談社
〒112-8001　東京都文京区音羽2丁目12－21
（販売）03-5395-3606
（業務）03-5395-3615
編集　株式会社　講談社エディトリアル
代表　堺公江
〒112-0013
東京都文京区音羽1丁目17－18護国寺SIAビル
（編集部）03-5319-2171
印刷　豊国印刷株式会社
製本所　株式会社国宝社
DTP　太田穣

ISBN 978-4-06-516215-6
N.D.C.595　223p 21cm